Blattner
Betriebsrätemodernisierungsgesetz

Betriebsräte-modernisierungs-gesetz

Praxisleitfaden

von

Dr. Jessica Blattner
Referentin im Bundesministerium für Arbeit und Soziales

Verlag Franz Vahlen München 2021

Zitiervorschlag:
Blattner BRModG Rn. …

www.vahlen.de

ISBN 978 3 8006 6718 5

© 2021 Verlag Franz Vahlen GmbH
Wilhelmstraße 9, 80801 München
Satz, Druck und Bindung: Druckerei C. H. Beck, Nördlingen
(Adresse wie Verlag)
Umschlaggestaltung: Martina Busch, Grafikdesign, Homburg Saar

Gedruckt auf säurefreiem, alterungsbeständigem Papier
(hergestellt aus chlorfrei gebleichtem Zellstoff)

Vorwort

Seit dem Ausbruch der Corona-Pandemie entwickelt sich die Digitalisierung erfreulicherweise in immer schnelleren Schritten und verändert die Welt in sämtlichen Lebensbereichen. Diese Veränderungen reichen weit in die Arbeitswelt hinein und betreffen auch die Tätigkeit von Betriebsräten und Wahlvorständen. Der Gesetzgeber scheint nur bedingt hinterher zu kommen – die letzte Novellierung des BetrVG stammt aus dem Jahr 2001. Dies entspricht längst nicht mehr der Nutzung digitaler Arbeitsweisen in deutschen Unternehmen. Dies hat das Bundesministerium für Arbeit und Soziales (BMAS) unter Bundesarbeitsminister Hubertus Heil aufgegriffen und einen Gesetzesentwurf zur Förderung der Betriebsratswahlen und der Betriebsratsarbeit in einer digitalen Arbeitswelt (Betriebsrätemodernisierungsgesetz) auf den Weg gebracht. Das Gesetz (BGBl. I S. 1762) ist am 18. Juni 2021 in Kraft getreten.

Das Betriebsrätemodernisierungsgesetz ändert wesentliche Vorschriften im BetrVG, KSchG und in weiteren Arbeitsgesetzen und will damit die Arbeitswelt in vielen Bereichen progressiver machen. Es hat ua das Ziel, die Gründung und Wahl von Betriebsräten zu erleichtern. Diese Absicht belegt der Gesetzgeber mit statistischen Zahlen des IAB-Betriebspanels: Danach verfügten zuletzt nur noch 9 % der betriebsratsfähigen Betriebe in Westdeutschland und 10 % in Ostdeutschland über einen Betriebsrat und rund 41 % der Arbeitnehmer in Westdeutschland sowie 36 % in Ostdeutschland werden von Betriebsräten vertreten. Um Betriebsratsgründungen insgesamt zu fördern, hat der Gesetzgeber für kleinere Betriebe die Wahlvorschriften erleichtert und den Kündigungsschutz für Wahlinitiatoren, dh für Beschäftigte, die sich für die Gründung eines Betriebsrats engagieren, deutlich erweitert. Weiterhin soll die Novelle die betriebliche Mitbestimmung als eine Säule der sozialen Marktwirtschaft in Deutschland und als Schlüsselfaktor für die gemeinsame und erfolgreiche Gestaltung der modernen Arbeitswelt unter Berücksichtigung der Interessen der Beschäftigten würdigen. Die Mitbestimmungs- und Mitwirkungsrechte der Betriebsräte sind durch das Gesetz beim Einsatz von KI, bei mobiler Arbeit und bei beruflicher Weiterbildung gestärkt worden. Zuletzt macht es sich das Betriebsrätemodernisierungsgesetz zum Ziel, die Betriebsratsarbeit an die Entwicklung der Digitalisierung anzupassen. Betriebsratssitzungen per Video- oder Telefonkonferenz sind künftig zulässig, sollen allerdings die Ausnahme bleiben. Zudem schafft der neu ins Gesetz eingeführte § 79a BetrVG Klarheit darüber, dass die datenschutzrechtliche Verantwortlichkeit beim Arbeitgeber liegt.

Im Nachgang zu den rechtlichen Änderungen des Betriebsrätemodernisierungsgesetzes hat der Gesetzgeber am 28.7.2021 einen Referentenentwurf für die Verordnung zur Durchführung des Betriebsverfassungsgesetzes veröffentlicht. Darin sollen die Neuerungen des Betriebsverfassungsgesetzes, die einen Bezug zum Wahlverfahren aufweisen, in der WO BetrVG nachvollzogen werden. Zusätzlich sind weitere Anpassungen geplant, die die Arbeit der Wahlvorstände unter Berücksichtigung von

Vorwort

Erkenntnissen aus der Praxis und der Rechtsprechung der Arbeitsgerichte erleichtern und die Rechtssicherheit erhöhen sollen. Der Referentenentwurf ist veröffentlicht, der Regierungsentwurf ist jedoch noch nicht verabschiedet. Möglicherweise handelt es sich somit nicht um den Entwurf in seiner finalen Fassung. Es ist aber davon auszugehen, dass die wesentlichen Änderungen in dieser Form umgesetzt werden.

Der folgende Praxisleitfaden soll die wichtigsten Neuerungen darstellen und ihre Auswirkungen auf die Betriebsratswahl 2022 und die Betriebsratstätigkeit im Allgemeinen erläutern. Insbesondere ist es das Ziel, den Mitgliedern der Betriebsräte und Wahlvorstände ihre tägliche Arbeit zu erleichtern, indem die Gesetzesänderungen (in den abgedruckten Auszügen fett hervorgehoben) anhand wertvoller Praxistipps verständlich dargelegt werden.

Köln, im September 2021   *Dr. Jessica Blattner*

Inhaltsverzeichnis

Inhaltsverzeichnis

Inhaltsverzeichnis

Inhaltsverzeichnis

Abkürzungsverzeichnis

aA	andere Auffassung
Abs.	Absatz
ADM-Systeme	Algorithmic-Decision-Making-Systeme
ArbG	Arbeitsgericht
Art.	Artikel
Aufl.	Auflage
AuR	Arbeit und Recht
BAG	Bundesarbeitsgericht
BB	Betriebs-Berater, Zeitschrift
BBiG	Berufsbildungsgesetz
BDSG	Bundesdatenschutzgesetz
BeckRS	Beck-Rechtsprechung, online
BetrVG	Betriebsverfassungsgesetz
BGB	Bürgerliches Gesetzbuch
BGBl.	Bundesgesetzblatt
BGG	Behindertengleichstellungsgesetz
BITV	Barrierefreie Informationstechnikverordnung
BMAS	Bundesministerium für Arbeit und Soziales
BSG	Bundessozialgericht
BT- Drs.	Bundestags-Drucksache
bzw.	beziehungsweise
ca.	circa
Corona-ArbSchV	SARS-COV-2 Arbeitsschutzverordnung
DB	Der Betrieb, Zeitschrift
dh	das heißt
DS-GVO	Verordnung (EU) 2016/679 des Europäischen Parlaments und des Rates vom 27. April 2016 zum Schutz natürlicher Personen bei der Verarbeitung personenbezogener Daten, zum freien Datenverkehr und zur Aufhebung der Richtlinie 95/46/EG (Datenschutz-Grundverordnung)
evtl.	eventuell
f.	der folgende … (Singular)
ff.	die folgenden … (Plural)
gem.	gemäß
ggf.	gegebenenfalls
GewO	Gewerbeordnung
grds.	grundsätzlich
Hs.	Halbsatz
IAB	Institut für Arbeitsmarkt- und Berufsforschung
iRd	im Rahmen des/der
iSd	im Sinne des
iSv	im Sinne von
iVm	in Verbindung mit
JAV	Jugend- und Auszubildendenvertretung

Abkürzungsverzeichnis

Literaturverzeichnis

Ascheid/Preis/Linck, Kündigungsrecht, Kommentar, 6. Aufl. 2021 (Ascheid/Preis/ Schmidt/*Bearbeiter*)

Rolfs/Giesen/Kreikebohm/Meßling/Udsching, BeckOK Arbeitsrecht, Kommentar, 60. Aufl. 2021 (BeckOK ArbR/*Bearbeiter*)

Beden/Rombey, Digitale Mitbestimmung – Die Krise als Schrittmacher des Fortschritts, BB 20202, 1141

Boemke/Roloff/Haase, „Virutal reality" in der formellen Betriebsverfassung – nicht ohne Geschäftsordnung, NZA 2021, 827

Däubler/Deinert/Walser, AGB-Kontrolle im Arbeitsrecht, Kommentar, 5. Aufl. 2021, Däubler/Deinert/Walser/*Bearbeiter*

Däubler/Deinert/Zwanziger, KSchR – Kündigungsschutzrecht, Kommentar, 11. Aufl. 2020 (Däubler/Deinert/Zwanziger/*Bearbeiter*)

Däubler/Klebe/Wedde, BetrVG: Betriebsverfassungsgesetz, Kommentar, 17. Aufl. 2020 (Däubler/Klebe/Wedde/*Bearbeiter*)

Eylert/Rinck, Besonderer Kündigungsschutz durch Betriebsratswahlen, BB 2018, 308

Fitting, Betriebsverfassungsgesetz, Kommentar, 30. Aufl. 2020

Franzen/Gallner/Oetker, Kommentar zum europäischen Arbeitsrecht, 3. Aufl. 2020, EuArbRK/*Bearbeiter*

Fuhlrott/Fischer, Endlich: Virtuelle Beschlussfassung für Arbeitnehmervertretungen, NZA 2020, 490

Fündling/Sorber, Arbeitswelt 4.0 – Benötigt das BetrVG ein Update in Sachen digitalisierte Arbeitsweise des Betriebsrats?, NZA 2017, 552

Hoffmann-Remy/Zaumseil, Betriebsratswahl 2018 – alte und neue Fehler vermeiden!, BB 2017, 1717

Keitel/Busch, Der neue Referentenentwurf für ein Betriebsrätemodernisierungsgesetz – wesentliche Änderungen, BB 2021, 564

Kühne/Meyer, Betriebsratswahl, Reihe: Arbeitshilfen für Betriebsräte, 24. Edition 2021

Kurzböck/Weinbeck, DSGVO-Verstöße im Betriebsratsbüro – wer haftet?, BB 2018, 1652

Linck/Krause/Bayreuther, Kündigungsschutzgesetz, Kommentar, 16. Aufl. 2019 (Linck/ Krause/Bayreuther/*Bearbeiter*)

Löwisch/Kaiser, BetrVG: Betriebsverfassungsgesetz, Kommentar, Band 1, 2, 7. Aufl. 2017 ff. (Löwisch/Kaiser/*Bearbeiter*)

Lütkehaus/Powietzka, Virtuelle Betriebsratssitzungen und virtuelle Einigungsstelle, NZA 2020, 552

Maschmann, Der Arbeitgeber als Verantwortlicher für den Datenschutz im Betriebsratsbüro (§ 79a BetrVG)?, NZA 2021, 834

Müller-Glöge/Preis/Schmidt, Erfurter Kommentar zum Arbeitsrecht, 21. Aufl. 2021 (ErfK/*Bearbeiter*)

Richardi, Betriebsverfassungsgesetz, Kommentar, 16. Aufl. 2018 (Richardi BetrVG/*Bearbeiter*)

Schaub, Arbeitsrechts-Handbuch, 18. Aufl. 2019 (Schaub ArbR-HdB/*Bearbeiter*)

Schaub/Koch, Arbeitsrecht von A-Z, Lexikon, 25. Aufl. 2021 (Schaub/Koch ArbR A-Z/*Bearbeiter*)

Schiefer/Worzalla, Das Betriebsrätemodernisierungsgesetz – Eine „Mogelpackung"?, NZA 2021, 817

Tangemann, Wirksamkeitsrisiken bei digitaler Betriebsratsarbeit, BB 2020, 1974

Thüsing/Beden, Betriebsratsarbeit 4.0: Die Betriebsratssitzungen per Videokonferenz und die virtuelle Betriebsversammlung, BB 2019, 372

Thüsing/Laux/Lemke, Kündigungsschutzgesetz, 4. Aufl. 2018 (Thüsing/Laux/Lemke/ *Bearbeiter*)

Ulber/Klocke, Die Absenkung des Wahlalters für die Wahl zum Betriebsrat durch das Betriebsrätemodernisierungsgesetz, NZA 2021, 825

Literaturverzeichnis

Wiese/Kreutz/Oetker/Raab/Weber/Franzen/Gutzeit/Jacobs, Gemeinschaftskommentar zum Betriebsverfassungsgesetz, 11. Aufl. 2018 (GK-BetrVG/*Bearbeiter*)

Winzer/Baeck/Hilgers, Das Betriebsrätemodernisierungsgesetz – Der Regierungsentwurf als Update für das BetrVG?, NZA 2021, 620

A. Die gesetzlichen Neuregelungen zur Erleichterung der Betriebsratsgründung und der Betriebsratswahl

I. Die Ausweitung des vereinfachten Wahlverfahrens (5–100 Arbeitnehmer)

1. Neuregelung

§ 14a BetrVG Vereinfachtes Wahlverfahren für Kleinbetriebe

(1) In Betrieben mit in der Regel fünf bis 100 wahlberechtigten Arbeitnehmern **1** *wird der Betriebsrat in einem zweistufigen Verfahren gewählt. Auf einer ersten Wahlversammlung wird der Wahlvorstand nach § 17a Nr. 3 gewählt. Auf einer zweiten Wahlversammlung wird der Betriebsrat in geheimer und unmittelbarer Wahl gewählt. Diese Wahlversammlung findet eine Woche nach der Wahlversammlung zur Wahl des Wahlvorstands statt.*

(2) Wahlvorschläge können bis zum Ende der Wahlversammlung zur Wahl des Wahlvorstands nach § 17a Nr. 3 gemacht werden; für Wahlvorschläge der Arbeitnehmer gilt § 14 Abs. 4 mit der Maßgabe, dass für Wahlvorschläge, die erst auf dieser Wahlversammlung gemacht werden, keine Schriftform erforderlich ist.

(3) Ist der Wahlvorstand in Betrieben mit in der Regel fünf bis 100 wahlberechtigten Arbeitnehmern nach § 17a Nr. 1 iVm § 16 vom Betriebsrat, Gesamtbetriebsrat oder Konzernbetriebsrat oder nach § 17a Nr. 4 vom Arbeitsgericht bestellt, wird der Betriebsrat abweichend von Absatz 1 Satz 1 und 2 auf nur einer Wahlversammlung in geheimer und unmittelbarer Wahl gewählt. Wahlvorschläge können bis eine Woche vor der Wahlversammlung zur Wahl des Betriebsrats gemacht werden; § 14 Abs. 4 gilt unverändert.

(4) Wahlberechtigten Arbeitnehmern, die an der Wahlversammlung zur Wahl des Betriebsrats nicht teilnehmen können, ist Gelegenheit zur schriftlichen Stimmabgabe zu geben.

(5) In Betrieben mit in der Regel 101 bis 200 wahlberechtigten Arbeitnehmern können der Wahlvorstand und der Arbeitgeber die Anwendung des vereinfachten Wahlverfahrens vereinbaren.

2. Hintergrund der Neuregelung.
Mit der Betriebsverfassungsgeset- **2** zesreform hat der Gesetzgeber im Jahr 2001 in § 14a Abs. 1 S. 1, Abs. 3 S. 1 BetrVG ein **vereinfachtes (einstufiges oder zweistufiges) Wahlverfahren** in das Gesetz aufgenommen, dass die Betriebsratswahl in allen Betrieben mit 5–50 wahlberechtigten Arbeitnehmern formell vereinfacht und durch kürzere Fristen beschleunigt. In Betrieben mit 51–100 Beschäftigten wurde die Möglichkeit geschaffen, die Durchführung des vereinfachten Wahlverfahrens zwischen Arbeitgeber und Wahlvorstand zu vereinbaren (§ 14a Abs. 5 BetrVG). Die Praxis hat gezeigt, dass von dieser Möglichkeit oft Gebrauch gemacht wurde.

Aus diesem Grund hat der Gesetzgeber entschieden, den **Anwen-** **3** **dungsbereich des § 14a BetrVG zu erweitern.** Diese gesetzliche Neuerungen soll die Gründung von Betriebsräten vor allem in kleinen und mittleren Betrieben erleichtern und fördern.

4   **3. Praktische Relevanz für das Wahlverfahren.** Mit Inkrafttreten des Betriebsrätemodernisierungsgesetzes kommt das **vereinfachte zweistufige Wahlverfahren** mittels zwei Wahlversammlungen in reiner Personenwahl für Betriebe mit **5–100 Arbeitnehmern verpflichtend** zur Anwendung. Die erste Wahlversammlung ist die zur Wahl des Wahlvorstands (§ 17a Nr. 3 BetrVG), die zweite (eigentliche) Wahlversammlung ist die zur Wahl des Betriebsrats bereits eine Woche nach der ersten Versammlung (§ 14a Abs. 1 S. 3, 4 BetrVG).

5   In Betrieben mit 101–200 Beschäftigten sollen Arbeitgeber und Wahlvorstand die Durchführung des vereinfachten Wahlverfahrens vereinbaren können und dadurch gemeinsam entscheiden, ob das normale oder das vereinfachte Wahlverfahren sinnvoller ist. Das vereinfachte Wahlverfahren ist entgegen seiner Bezeichnung im Vergleich zum normalen Wahlverfahren nicht „einfacher“. Die zu beachtenden Schritte sind genauso kompliziert, wie es bei der normalen Wahl der Fall ist. Es ist vielmehr geprägt durch wesentlich **kürzere Fristen** und somit schneller. Gerade die kurzen Fristen können für den Wahlvorstand tückisch sein. Sie können aber auch einen Beitrag zur Reduzierung der Behinderung von Betriebsratswahlen in kleineren Betrieben leisten.

Praxistipp:

6   Die Art des Wahlverfahrens richtet sich nach der Betriebsgröße:
   5–100   → zwingend vereinfachtes Wahlverfahren
   101–200   → freiwillig vereinfachtes Wahlverfahren
   Ab 201   → zwingend normales Wahlverfahren

7   Es ist davon auszugehen, dass das **vereinfachte Wahlverfahren** zukünftig und bereits bei den anstehenden Betriebsratswahlen 2022 wesentlich **häufiger** zu Anwendung kommt. Dies gilt zum einen in kleineren Betrieben mit bis zu 100 wahlberechtigten Arbeitnehmern, wo das vereinfachte zweistufige Wahlverfahren nunmehr verpflichtend ist. Es gilt aber auch für den Mittelstand von 101 bis 200 wahlberechtigten Arbeitnehmern. Wahlvorstand und Arbeitgeber können hier die Anwendung des vereinfachten Wahlverfahrens vereinbaren und dies wird oftmals dem Wunsch der Belegschaft und des Wahlvorstands entsprechen.

Praxistipp:

8   Eine derartige Vereinbarung muss nicht ausdrücklich, sondern kann auch **konkludent** getroffen werden. Das reine Schweigen des Arbeitgebers auf einer Betriebsversammlung reicht für die Annahme einer konkludenten Vereinbarung zwischen dem Wahlvorstand und dem Arbeitgeber jedoch nicht aus (BAG 19.11.2003 – 7 ABR 24/03, AP BetrVG 1972 § 19 Nr. 54). Ihr kommt keine Dauerwirkung zu, da sie muss für jede Betriebsratswahl neu getroffen werden.

In der Regel liegt eine solche Vereinbarung auch im Interesse des 9
Arbeitgebers, da das vereinfachte Wahlverfahren **schneller** und somit
kostengünstiger in der Durchführung ist.

Zum Ablauf des vereinfachten Wahlverfahrens und zu den Auswirkun- 10
gen der neuen Regelungen des Betriebsrätemodernisierungsgesetzes
→ Rn. 89 ff.

Praxistipp:
Eine Betriebsratswahl ist zB dann anfechtbar, wenn das **falsche** 11
Wahlverfahren eingesetzt wird, also wenn zB das vereinfachte Verfahren nach § 14a BetrVG trotz Überschreitung der Schwellenwerte
angewandt wird (BAG 19.11.2003 – 7 ABR 24/03, BB 2004, 1396).

II. Wegfall von Stützunterschriften

1. Neuregelung

§ 14 BetrVG Wahlvorschriften

(1) Der Betriebsrat wird in geheimer und unmittelbarer Wahl gewählt. 12

*(2) Die Wahl erfolgt nach den Grundsätzen der Verhältniswahl. Sie erfolgt
nach den Grundsätzen der Mehrheitswahl, wenn nur ein Wahlvorschlag eingereicht wird oder wenn der Betriebsrat im vereinfachten Wahlverfahren nach § 14a
zu wählen ist.*

*(3) Zur Wahl des Betriebsrats können die wahlberechtigten Arbeitnehmer und
die im Betrieb vertretenen Gewerkschaften Wahlvorschläge machen.*

*(4) In Betrieben mit in der Regel bis zu 20 wahlberechtigten Arbeitneh-
mern bedarf es keiner Unterzeichnung von Wahlvorschlägen. Wahlvorschläge sind in Betrieben mit in der Regel 21 bis 100 wahlberechtigten
Arbeitnehmern von mindestens zwei wahlberechtigten Arbeitnehmern und
in Betrieben mit in der Regel mehr als 100 wahlberechtigten Arbeitnehmern von mindestens einem Zwanzigstel der wahlberechtigten Arbeitnehmer zu unterzeichnen. In jedem Fall genügt die Unterzeichnung durch 50
wahlberechtigte Arbeitnehmer.*

*(5) Jeder Wahlvorschlag einer Gewerkschaft muss von zwei Beauftragten unter-
zeichnet sein.*

2. Hintergrund der Neuregelung. Bislang regelte § 14 Abs. 4 S. 1 **13**
BetrVG, dass jeder Wahlvorschlag der Arbeitnehmer von mindestens
einem Zwanzigstel der wahlberechtigten Arbeitnehmer, mindestens jedoch von drei Wahlberechtigten unterzeichnet sein muss. In Betrieben
mit in der Regel bis zu 20 wahlberechtigten Arbeitnehmern genügte die
Unterzeichnung durch zwei Wahlberechtigte. In jedem Fall genügte die
Unterzeichnung durch 50 wahlberechtigte Arbeitnehmer.

Der Wegfall und die Festschreibung der Zahl der notwendigen Stütz- **14**
unterschriften für einen Wahlvorschlag soll ebenfalls die Gründung von

Betriebsräten erleichtern. Das Erfordernis von Stützunterschriften dient insbesondere dazu, nicht ernst gemeinte Bewerbungen für das Betriebsratsamt oder **völlig aussichtslose Wahlvorschläge zu vermeiden.** Dieses Ziel ist umso wichtiger, je größer der Betrieb ist, um eine zügige Durchführung der Wahl zu sichern und eine große Menge von aussichtslosen oder nicht ernst gemeinten Wahlvorschlägen zu verhindern. In sehr kleinen Betrieben mit bis zu 20 wahlberechtigten Arbeitnehmern soll daher auf diese Voraussetzung ganz verzichtet werden. In kleineren und mittleren Betrieben werden die Schwellenwerte für die Stützunterschriften positiv festgeschrieben und abgesenkt, um formale Hürden bei der Wahl eines Betriebsrats abzubauen. In Betrieben mit mehr als 20 und bis zu 100 Wahlberechtigten erfolgt eine pauschale Absenkung auf mindestens zwei Stützunterschriften.

15 **3. Praktische Relevanz für das Wahlverfahren.** In Betrieben mit **bis zu 20 wahlberechtigten Arbeitnehmern** entfällt das Erfordernis einer Unterzeichnung der Wahlvorschläge bereits bei der kommenden Betriebsratswahl gänzlich. Es genügt dann die Mitteilung an den Wahlvorstand, welche Kandidaten sich für die Betriebsratswahl aufstellen lassen (*Schiefer/Worzalla* NZA 2021, 817 (818)).

16 In Betrieben mit mehr als **20 und bis zu 100 Wahlberechtigten** wird das Erfordernis der Stützunterschriften pauschal auf mindestens zwei abgesenkt. Die Regelung des § 14a Abs. 2 BetrVG über das vereinfachte Wahlverfahren für Kleinbetriebe bleibt unberührt. In Betrieben mit **21 bis 100 wahlberechtigten Arbeitnehmern** ist danach für Vorschläge, die erst auf der Wahlversammlung gemacht werden, keine Schriftform erforderlich. Die erforderlichen zwei Unterstützer können die Unterstützung eines Wahlvorschlags also auch zB per Handzeichen kundtun. Für Betriebe mit **mehr als 100 wahlberechtigten Arbeitnehmern** ändert sich nichts. Es bleibt bei dem bisherigen Erfordernis der Unterzeichnung durch mindestens ein Zwanzigstel der wahlberechtigten Arbeitnehmer. In jedem Fall genügt die Unterzeichnung durch 50 wahlberechtigte Arbeitnehmer.

17 Diese Neuregelung könnte bei den anstehenden **Betriebsratswahlen 2022** in Betrieben mit bis zu 100 wahlberechtigten Arbeitnehmern zu **mehr Kandidatenzulauf** führen. Gem. § 6 Abs. 5 S. 1 WO BetrVG zählt die Unterschrift eines Wahlberechtigten nur auf einer Vorschlagsliste. Dh ein Wahlberechtigter kann nur einen Kandidaten unterstützen. Diese Vorschrift ist mit Inkrafttreten des Betriebsrätemodernisierungsgesetzes und der Neuregelung des § 14 Abs. 4 BetrVG weniger gewichtig, weil in Betrieben mit bis zu 100 wahlberechtigten Arbeitnehmern keine oder wesentlich weniger Stützunterschriften gefordert sind. Dadurch ist die Chance für Kandidaten, bei Kollegen nach Stützunterschriften zu werben, erheblich vereinfacht. In **kleineren Betrieben** mit bis zu 20 wahlberechtigten Arbeitnehmern reicht nunmehr die **bloße Mitteilung an den Wahlvorstand,** für die Betriebsratswahl kandidieren zu wollen.

Praxistipp:
Zur Anzahl der erforderlichen Stützunterschriften nach § 14 Abs. 4   **18**
S. 1 BetrVG kann auch die Unterschrift des Kandidaten zur Kandidatur und zur Listenunterstützung gerechnet werden, wenn sich auf demselben Blatt auch der Hinweis befand, die Unterschrift zähle gleichzeitig als Unterstützungsunterschrift (BAG 6.11.2013 – 7 ABR 65/11, NZA 2015, 128 (129)).

III. Einschränkung des Anfechtungsrechts

1. Neuregelung

§ 19 BetrVG Wahlanfechtung

(1) Die Wahl kann beim Arbeitsgericht angefochten werden, wenn gegen **19** *wesentliche Vorschriften über das Wahlrecht, die Wählbarkeit oder das Wahlverfahren verstoßen worden ist und eine Berichtigung nicht erfolgt ist, es sei denn, dass durch den Verstoß das Wahlergebnis nicht geändert oder beeinflusst werden konnte.*

(2) Zur Anfechtung berechtigt sind mindestens drei Wahlberechtigte, eine im Betrieb vertretene Gewerkschaft oder der Arbeitgeber. Die Wahlanfechtung ist nur binnen einer Frist von zwei Wochen, vom Tage der Bekanntgabe des Wahlergebnisses an gerechnet, zulässig.

(3) Die Anfechtung durch die Wahlberechtigten ist ausgeschlossen, soweit sie darauf gestützt wird, dass die Wählerliste unrichtig ist, wenn nicht zuvor aus demselben Grund ordnungsgemäß Einspruch gegen die Richtigkeit der Wählerliste eingelegt wurde. Dies gilt nicht, wenn die anfechtenden Wahlberechtigten an der Einlegung eines Einspruchs gehindert waren. Die Anfechtung durch den Arbeitgeber ist ausgeschlossen, soweit sie darauf gestützt wird, dass die Wählerliste unrichtig ist und wenn diese Unrichtigkeit auf seinen Angaben beruht.

2. Hintergrund der Neuregelung. Nach der alten Rechtslage konn- **20** te eine Wahl gem. § 19 Abs. 1 BetrVG beim Arbeitsgericht angefochten werden, wenn gegen wesentliche Vorschriften über das Wahlrecht, die Wählbarkeit oder das Wahlverfahren verstoßen wurde und eine Berechtigung nicht erfolgt ist, es sei denn, dass durch den Verstoß das Wahlergebnis nicht geändert oder beeinflusst werden konnte. Anfechtbar war die Wahl somit bislang auch unter Verweis auf die Unrichtigkeit der Wählerliste. Mit Beschluss vom 2.8.2017 hatte das BAG entschieden, dass ein Einspruch gegen die Richtigkeit der Wählerliste während des Wahlverfahrens nicht Voraussetzung dafür sei, in einem späteren Wahlanfechtungsverfahren die Aufnahme nicht Wahlberechtigter in die Wählerliste rügen zu können (BAG 2.8.2017 – 7 ABR 42/15, NZA 2018, 182 (183)).

21   Die Neuregelung des § 19 Abs. 3 BetrVG erfolgte vor folgendem Hintergrund: Nach **§ 4 Abs. 1 der Ersten Verordnung zur Durchführung des Betriebsverfassungsgesetzes (WO BetrVG)** können wahlberechtigte Arbeitnehmer schriftlich Einspruch gegen die Richtigkeit der Wählerliste vor Ablauf von zwei Wochen seit Erlass des Wahlausschreiben einlegen. Entsprechendes gilt für die Wahl der Bordvertretung nach § 3 der Wahlordnung Seeschifffahrt (WOS) oder des Seebetriebsrats nach § 36 WOS. Die Anfechtung der Betriebsratswahl wird daher nach der Neuregelung des § 19 Abs. 3 BetrVG ausgeschlossen, wenn ein **Einspruch nicht eingelegt** worden ist, es sei denn, die anfechtenden Wahlberechtigten waren aus tatsächlichen Gründen – insbesondere Arbeitsunfähigkeit – verhindert. Es ist jedoch nicht Voraussetzung, dass einer der anfechtenden Wahlberechtigten selbst Einspruch eingelegt hat. Der Arbeitgeber ist gem. § 2 Abs. 2 S. 1 WO BetrVG verpflichtet, alle für die Anfertigung der Wählerliste erforderlichen Auskünfte zu erteilen. Auch er ist nunmehr von der Anfechtung ausgeschlossen, wenn die Unrichtigkeit der Wählerliste auf seinen Angaben beruht und somit in seinen Verantwortungsbereich fällt.

22   Diese Einschränkung der Anfechtungsmöglichkeit wegen Fehler der Wählerliste soll einen Beitrag zur **Rechtssicherheit bei der Betriebsratswahl** leisten. Das Recht zur Anfechtung einer Betriebsratswahl und die Möglichkeit, die Wahl gerichtlich überprüfen zu lassen, sind nach wie vor von großer Bedeutung. Wenn sich der Grund aber auf die Unrichtigkeit der Wählerliste bezieht und nicht zuvor die rechtlich vorgesehene Möglichkeit zur Klärung eines solchen Wahlfehlers genutzt wurde, schränkt die Gesetzesnovellierung das Anfechtungsrecht zugunsten der Rechtssicherheit ein. Gleiches gilt für den Arbeitgeber, wenn die Unrichtigkeit der Wählerliste auf seinen Angaben beruht.

23   **3. Praktische Relevanz für das Wahlverfahren.** Man kann sich die Frage stellen, wie der neue Abs. 3 zu Abs. 2 des § 19 BetrVG steht. Gem. § 19 Abs. 2 Alt. 1 BetrVG muss die Wahl durch drei Wahlberechtigte angefochten werden. § 19 Abs. 3 BetrVG regelt nunmehr, dass zuvor Einspruch eingelegt werden muss, wenn es um die Unrichtigkeit der Wählerliste geht, es sei denn, die anfechtenden Wahlberechtigten waren an der Einlegung des Einspruchs gehindert. Der Einspruch gegen die Wählerliste gem. § 4 Abs. 1 WO BetrVG kann jedoch auch durch einen einzelnen Wahlberechtigten erfolgen. Aufgrund der Neuregelung könnte man sich die Frage stellen, ob es für die Wahlanfechtung ausreicht, dass einer von drei Wahlberechtigten vorher Einspruch eingelegt hat, oder erforderlich ist, dass alle drei Anfechtenden Einspruch eingelegt haben. Nach dem Sinn und Zweck der gesetzlichen Regelung geht es darum, dass der Wahlvorstand mit dem späteren Anfechtungsgrund im Vorhinein bereits befasst war. Aus diesem Grund ist es auch nicht erforderlich, dass einer der anfechtenden Wahlberechtigten selbst Einspruch eingelegt hat.

Praxistipp:
Nach den Voraussetzungen des § 19 BetrVG reicht der **Einspruch**   24
durch (irgend-)einen Wahlberechtigten aus. Dieser muss nicht
zugleich auch derjenige sein, der die Anfechtung erklärt.

IV. Erweiterter Kündigungsschutz

1. Neuregelung

§ 15 KSchG *Unzulässigkeit der Kündigung*

(1) Die Kündigung eines Mitglieds eines Betriebsrats, einer Jugend- und Aus-   25
zubildendenvertretung, einer Bordvertretung oder eines Seebetriebsrats ist un-
zulässig, es sei denn, daß Tatsachen vorliegen, die den Arbeitgeber zur Kündi-
gung aus wichtigem Grund ohne Einhaltung einer Kündigungsfrist berechtigen,
und daß die nach § 103 des Betriebsverfassungsgesetzes erforderliche Zustim-
mung vorliegt oder durch gerichtliche Entscheidung ersetzt ist. Nach Beendigung
der Amtszeit ist die Kündigung eines Mitglieds eines Betriebsrats, einer Jugend-
und Auszubildendenvertretung oder eines Seebetriebsrats innerhalb eines Jahres,
die Kündigung eines Mitglieds einer Bordvertretung innerhalb von sechs Mona-
ten, jeweils vom Zeitpunkt der Beendigung der Amtszeit an gerechnet, unzuläs-
sig, es sei denn, daß Tatsachen vorliegen, die den Arbeitgeber zur Kündigung
aus wichtigem Grund ohne Einhaltung einer Kündigungsfrist berechtigen; dies
gilt nicht, wenn die Beendigung der Mitgliedschaft auf einer gerichtlichen Ent-
scheidung beruht.

(2) Die Kündigung eines Mitglieds einer Personalvertretung, einer Jugend- und
Auszubildendenvertretung oder einer Jugendvertretung ist unzulässig, es sei denn,
daß Tatsachen vorliegen, die den Arbeitgeber zur Kündigung aus wichtigem
Grund ohne Einhaltung einer Kündigungsfrist berechtigen, und daß die nach dem
Personalvertretungsrecht erforderliche Zustimmung vorliegt oder durch gerichtliche
Entscheidung ersetzt ist. Nach Beendigung der Amtszeit der in Satz 1 genannten
Personen ist ihre Kündigung innerhalb eines Jahres, vom Zeitpunkt der Beendi-
gung der Amtszeit an gerechnet, unzulässig, es sei denn, daß Tatsachen vorliegen,
die den Arbeitgeber zur Kündigung aus wichtigem Grund ohne Einhaltung einer
Kündigungsfrist berechtigen; dies gilt nicht, wenn die Beendigung der Mitglied-
schaft auf einer gerichtlichen Entscheidung beruht.

(3) Die Kündigung eines Mitglieds eines Wahlvorstands ist vom Zeitpunkt
seiner Bestellung an, die Kündigung eines Wahlbewerbers vom Zeitpunkt der
Aufstellung des Wahlvorschlags an, jeweils bis zur Bekanntgabe des Wahlergeb-
nisses unzulässig, es sei denn, daß Tatsachen vorliegen, die den Arbeitgeber zur
Kündigung aus wichtigem Grund ohne Einhaltung einer Kündigungsfrist berech-
tigen, und daß die nach § 103 des Betriebsverfassungsgesetzes oder nach dem
Personalvertretungsrecht erforderliche Zustimmung vorliegt oder durch eine gericht-
liche Entscheidung ersetzt ist. Innerhalb von sechs Monaten nach Bekanntgabe des
Wahlergebnisses ist die Kündigung unzulässig, es sei denn, daß Tatsachen vor-
liegen, die den Arbeitgeber zur Kündigung aus wichtigem Grund ohne Einhaltung

einer Kündigungsfrist berechtigen; dies gilt nicht für Mitglieder des Wahlvorstands, wenn dieser durch gerichtliche Entscheidung durch einen anderen Wahlvorstand ersetzt worden ist.

(3a) Die Kündigung eines Arbeitnehmers, der zu einer Betriebs-, Wahl- oder Bordversammlung nach § 17 Abs. 3, § 17a Nr. 3 Satz 2, § 115 Abs. 2 Nr. 8 Satz 1 des Betriebsverfassungsgesetzes einlädt oder die Bestellung eines Wahlvorstands nach § 16 Abs. 2 Satz 1, § 17 Abs. 4, § 17a Nr. 4, § 63 Abs. 3, § 115 Abs. 2 Nr. 8 Satz 2 oder § 116 Abs. 2 Nr. 7 Satz 5 des Betriebsverfassungsgesetzes beantragt, ist vom Zeitpunkt der Einladung oder Antragstellung an bis zur Bekanntgabe des Wahlergebnisses unzulässig, es sei denn, dass Tatsachen vorliegen, die den Arbeitgeber zur Kündigung aus wichtigem Grund ohne Einhaltung einer Kündigungsfrist berechtigen; der Kündigungsschutz gilt für **die ersten sechs in der Einladung oder die ersten drei in der Antragstellung aufgeführten Arbeitnehmer.** *Wird ein Betriebsrat, eine Jugend- und Auszubildendenvertretung, eine Bordvertretung oder ein Seebetriebsrat nicht gewählt, besteht der Kündigungsschutz nach Satz 1 vom Zeitpunkt der Einladung oder Antragstellung an drei Monate.*

(3b) Die Kündigung eines Arbeitnehmers, der Vorbereitungshandlungen zur Errichtung eines Betriebsrats oder einer Bordvertretung unternimmt und eine öffentlich beglaubigte Erklärung mit dem Inhalt abgegeben hat, dass er die Absicht hat, einen Betriebsrat oder eine Bordvertretung zu errichten, ist unzulässig, soweit sie aus Gründen erfolgt, die in der Person oder in dem Verhalten des Arbeitnehmers liegen, es sei denn, dass Tatsachen vorliegen, die den Arbeitgeber zur Kündigung aus wichtigem Grund ohne Einhaltung einer Kündigungsfrist berechtigen. Der Kündigungsschutz gilt von der Abgabe der Erklärung nach Satz 1 bis zum Zeitpunkt der Einladung zu einer Betriebs-, Wahl- oder Bordversammlung nach § 17 Absatz 3, § 17a Nummer 3 Satz 2, § 115 Absatz 2 Nummer 8 Satz 1 des Betriebsverfassungsgesetzes, längstens jedoch für drei Monate.

(4) Wird der Betrieb stillgelegt, so ist die Kündigung der in den Absätzen **1 bis 3a** *genannten Personen frühestens zum Zeitpunkt der Stillegung zulässig, es sei denn, daß ihre Kündigung zu einem früheren Zeitpunkt durch zwingende betriebliche Erfordernisse bedingt ist.*

(5) Wird eine der in den Absätzen **1 bis 3a** *genannten Personen in einer Betriebsabteilung beschäftigt, die stillgelegt wird, so ist sie in eine andere Betriebsabteilung zu übernehmen. Ist dies aus betrieblichen Gründen nicht möglich, so findet auf ihre Kündigung die Vorschrift des Absatzes 4 über die Kündigung bei Stilllegung des Betriebs sinngemäß Anwendung.*

§ 16 KSchG Neues Arbeitsverhältnis; Auflösung des alten Arbeitsverhältnisses

26   *Stellt das Gericht die Unwirksamkeit der Kündigung einer der in* **§ 15 Abs. 1 bis 3b** *genannten Personen fest, so kann diese Person, falls sie inzwischen ein neues Arbeitsverhältnis eingegangen ist, binnen einer Woche nach Rechtskraft des Urteils durch Erklärung gegenüber dem alten Arbeitgeber die Weiterbeschäftigung bei diesem verweigern. Im Übrigen finden die Vorschriften des § 11 und des § 12 Satz 2 bis 4 entsprechende Anwendung.*

§ 103 BetrVG Außerordentliche Kündigung und Versetzung in besonderen Fällen

(1) Die außerordentliche Kündigung von Mitgliedern des Betriebsrats, der 27 *Jugend- und Auszubildendenvertretung, der Bordvertretung und des Seebetriebsrats, des Wahlvorstands sowie von Wahlbewerbern bedarf der Zustimmung des Betriebsrats.*

(2) Verweigert der Betriebsrat seine Zustimmung, so kann das Arbeitsgericht sie auf Antrag des Arbeitgebers ersetzen, wenn die außerordentliche Kündigung unter Berücksichtigung aller Umstände gerechtfertigt ist. In dem Verfahren vor dem Arbeitsgericht ist der betroffene Arbeitnehmer Beteiligter.

(2a) Absatz 2 gilt entsprechend, wenn im Betrieb kein Betriebsrat besteht.

(3) Die Versetzung der in Absatz 1 genannten Personen, die zu einem Verlust des Amtes oder der Wählbarkeit führen würde, bedarf der Zustimmung des Betriebsrats; dies gilt nicht, wenn der betroffene Arbeitnehmer mit der Versetzung einverstanden ist. Absatz 2 gilt entsprechend mit der Maßgabe, dass das Arbeitsgericht die Zustimmung zu der Versetzung ersetzen kann, wenn diese auch unter Berücksichtigung der betriebsverfassungsrechtlichen Stellung des betroffenen Arbeitnehmers aus dringenden betrieblichen Gründen notwendig ist.

2. Hintergrund der Neuregelung. Neben dem besonderen gesetzli- 28 chen Kündigungsschutz für die betriebsverfassungsrechtlichen Mandatsträger regelt § 15 KSchG einen – temporären – **Sonderkündigungsschutz** für die **Wahlinitiatoren, Wahlbewerber und Wahlvorstandsmitglieder.** Während der Ausübung von wahlbedingten Funktionen schließt § 15 KSchG – außer in den Fällen einer Betriebs- oder Betriebsabteilungsstillegung – eine ordentliche Kündigung grundsätzlich aus. Damit soll die Unabhängigkeit der Funktionsträger geschützt und deren Bereitschaft zur Übernahme einer Wahlfunktion gefördert werden. Außerdem sollen die Betriebsratswahlen gesichert und die Bildung von Interessenvertretungen gewährleistet werden. Dem Schutzzweck der Norm entsprechend ist dieser gesetzliche Sonderkündigungsschutz unabdingbar, dh § 15 KSchG ist **zwingendes Recht** (ErfK/*Kiel* KSchG § 15 Rn. 1).

Der Gesetzgeber ist zu dem Ergebnis gekommen, dass die Behinderung 29 von Betriebsratswahlen kein Einzelfall ist und dass Arbeitgeber in vielfältigen Fallkonstellationen durch Einschüchterung möglicher Kandidaten für den Betriebsrat und Verhinderung der Bestellung eines Wahlvorstandes versucht haben, die Gründung eines Betriebsrats zu verhindern. Er hat sich im Rahmen der Gesetzesnovellierung daher vorgenommen, die **Schutzmechanismen der Betriebsratswahl** auch durch die Ausweitung des Kündigungsschutzes für Arbeitnehmer, die erstmals einen Betriebsrat gründen möchten, nachzubessern.

a) § 15 Abs. 3a KSchG – Wahlinitiatoren. Zu den geschützten 30 Wahlinitiatoren nach § 15 Abs. 3a KSchG gehören und gehörten auch vor Inkrafttreten des Betriebsrätemodernisierungsgesetzes vor allem die Arbeitnehmer, die zu einer Betriebsversammlung nach § 17 Abs. 3

9

BetrVG oder einer Wahlversammlung nach § 17a Nr. 3 S. 2 BetrVG in einem kleinen Betrieb eingeladen oder die Bestellung eines Wahlvorstandes nach § 16 Abs. 2 S. 1, § 17a Nr. 4, § 63 Abs. 3, § 115 Abs. 2 Nr. 8 S. 2, § 116 Abs. 2 Nr. 7 S. 5 BetrVG beim Arbeitsgericht beantragt haben. Mit der gesetzlichen Neuregelung wird die Zahl der in der Einladung genannten Arbeitnehmer, die dem Kündigungsschutz gem. § 15 Abs. 3a KSchG unterfallen, von drei **auf sechs erhöht.** Damit schützt die Regelung eine größere Anzahl an Personen, als für das Einladungsschreiben mindestens erforderlich ist, und soll ermöglichen, dass sich mehr Arbeitnehmer offen für die Betriebsratswahl engagieren.

31   **b) § 15 Abs. 3b KSchG – Vorfeld-Initiatoren.** Nach der alten Rechtslage begann der Kündigungsschutz für Initiatoren einer erstmaligen Betriebsratswahl gem. § 15 Abs. 3a KSchG mit der ersten förmlichen „betriebsöffentlichen" Handlung, nämlich der Einladung zur Betriebs- oder Wahlversammlung. Das Gesetz schützte bislang ab diesem Zeitpunkt die ersten drei im Einladungsschreiben genannten Arbeitnehmer. Dies stimmt insofern nicht mit der tatsächlichen Praxis überein, als die Vorbereitungen für eine Wahl häufig schon vor dem Einladungsschreiben beginnen. Derartige Vorbereitungshandlungen sind für Dritte, insbesondere für die Arbeitgeberseite, auch bereits erkennbar, obwohl sie meist aus Sorge vor Sanktionen nicht offengelegt werden. Aus diesem Grund handelt es sich bei den ersten Vorbereitungshandlungen um eine riskante Phase für engagierte Arbeitnehmer, denn sie genießen noch keinen Kündigungsschutz. Sofern der Arbeitgeber gegen eine Betriebsratsgründung ist und diese verhindern möchte, könnte er diese Vorbereitungsphase nutzen, um im Vorfeld die Arbeitnehmer einzuschüchtern und zB mit einer Kündigung zu drohen. Nach der bisher alleinig geltenden Regelung des § 15 Abs. 3a KSchG genießen die Betroffenen zu diesem Zeitpunkt noch keinen besonderen Kündigungsschutz. Durch die nunmehr in Kraft getretene Änderung des Kündigungsschutzgesetzes erhalten die Vorfeld-Initiatoren erstmals einen speziellen befristeten Kündigungsschutz vor personen- und verhaltensbedingten ordentlichen Kündigungen, wenn sie eine **öffentlich beglaubigte Erklärung** abgegeben haben (→ Rn. 38), dass sie einen Betriebsrat gründen möchten und auch entsprechende **Vorbereitungshandlungen** dafür unternommen haben.

32   **c) § 103 Abs. 2a BetrVG.** Mit dem neuen § 103 Abs. 2a BetrVG wird klargestellt, dass in betriebsratslosen Betrieben § 103 Abs. 2 BetrVG entsprechend Anwendung findet bei außerordentlichen Kündigungen der in § 103 Abs. 1 BetrVG genannten Personen. Das bedeutet, dass der Arbeitgeber auch in einem **betriebsratslosen Betrieb** vor einer außerordentlichen Kündigung der in § 103 Abs. 1 BetrVG genannten Personen die **Zustimmung des Arbeitsgerichts** einholen muss. Das Arbeitsgericht hat in dem Verfahren dann zu prüfen, ob die Kündigung unter Berücksichtigung aller Umstände gerechtfertigt ist. Bereits vor der gesetzlichen Neuregelung entsprach es der stRspr des BAG, dass in betriebsratslosen Betrieben § 103 Abs. 2 BetrVG analog Anwendung findet bei **außerordentlichen Kündigungen von Mitgliedern des**

Wahlvorstands und Wahlbewerbern (BAG 16.12.1982 – 2 AZR 76/ 81; BAG 30.5.1978 – 2 AZR 637/76). Das BAG entschied, dass „die besondere Schutzbedürftigkeit der Mitglieder des Wahlvorstands und der Wahlbewerber" isD § 15 Abs. 3 KSchG „unabhängig davon anzuerkennen ist, ob bereits ein Betriebsrat besteht oder nicht". Das BAG sah eine Regelungslücke, „wenn erstmals ein Betriebsrat gewählt werden soll und deshalb seine Zustimmung zur Kündigung eines Wahlvorstandsmitglieds oder eines Wahlbewerbers nach § 103 Abs. 1 BetrVG nicht eingeholt werden kann". Diese Regelungslücke sollte dann durch die entsprechende Anwendung des § 103 Abs. 2 BetrVG geschlossen werden. Dieser Grundgedanke wurde durch § 103 Abs. 2a BetrVG nun auch gesetzlich verankert.

3. Praktische Relevanz für das Wahlverfahren. a) § 15 Abs. 3a   33 **KSchG – Wahlinitiatoren.** § 15 Abs. 3a KSchG gewährt den Wahlinitiatoren den vollen gesetzlichen Sonderkündigungsschutz bis zur Bekanntgabe des Wahlergebnisses (§ 18 Abs. 3 BetrVG). Die nunmehr **sechs Wahlinitiatoren** sind vor dem Hintergrund möglicher Interessenkonflikte mit dem Arbeitgeber für Zeiten nach der Wahl in vergleichbarer Weise schutzbedürftig wie die Mitglieder eines Wahlvorstandes oder die Wahlbewerber (Ascheid/Preis/Schmidt/*Linck* KSchG § 15 Rn. 51). Der Sonderkündigungsschutz ist auf die ersten sechs ordnungsgemäß einladenden oder antragstellenden Beschäftigten beschränkt.

In zeitlicher Hinsicht setzt der gesetzliche Sonderkündigungsschutz   34 nach § 15 Abs. 3a S. 1 KSchG für die Wahlinitiatoren unverändert **ab dem Zeitpunkt der Einladung oder Antragstellung** ein. Aufgrund des neu eingeführten § 15 Abs. 3b KSchG hat dieser Zeitpunkt jedoch an Bedeutung verloren, weil Vorbereitungshandlungen nun separat geschützt werden. Die erste Alternative betrifft die Einladung zur Wahl. Hierbei ist darauf abzustellen, dass einer größeren Anzahl der Arbeitnehmer ein entsprechendes Einladungsschreiben – sei es auch in elektronischer Form – zugegangen ist oder die Arbeitnehmer die Möglichkeit hatten, von der Einladung, zB durch einen Aushang am schwarzen Brett, Kenntnis zu nehmen. In Fällen der Antragstellung (zweite Alt.) lässt sich der Zeitpunkt des Eingangs der Antragschrift beim Arbeitsgericht einfach fixieren.

Gem. § 15 Abs. 3a S. 2 KSchG endet der Schutz drei Monate nach   35 dem Zeitpunkt der Einladung oder der Antragstellung, wenn es nicht zu der Wahl kommt.

b) § 15 Abs. 3b KSchG – Vorfeld-Initiatoren. Durch die gesetzli- 36 che Neuregelung können sämtliche Mitarbeiter motiviert werden im Vorfeld von Betriebsratswahlen bei den Vorbereitungshandlungen zu unterstützen oder auch die Neugründung eines Betriebsrats zu fördern. Der Kündigungsschutz ist zeitlich auf **Vorfeldhandlungen** ausgeweitet, an die keine allzu großen Anforderungen gestellt werden und die nicht abgrenzbar definiert sind. Bliebe es bei dieser einen Voraussetzung für den Sonderkündigungsschutz, würde dieser bereits einsetzen, mit der Behauptung, der Arbeitnehmer habe gedanklich Vorbereitungshandlungen geplant. Um also einem Missbrauch vorzubeugen, hat der Gesetzgeber den Kündigungsschutz zusätzlich an die Voraussetzung einer **öffentlich beglaubigten Erklärung** gebunden.

37   § 15 Abs. 3b KSchG setzt somit zum einen voraus, dass der Arbeitnehmer eine **Vorbereitungshandlung** für die Errichtung eines Betriebsrats oder einer Bordvertretung unternommen hat. Unter Vorbereitungshandlung ist jedes für Dritte erkennbare Verhalten zu verstehen, dass zur Vorbereitung einer Betriebsratswahl geeignet ist. Darunter fallen zB Gespräche mit anderen Arbeitnehmern, um bereits im Vorfeld die Unterstützung für eine Betriebsratsgründung zu ermitteln, das Für und Wider einer Betriebsratsgründung gemeinsam abzuwägen oder um Schritte zu planen, die für die Planung und Durchführung der Betriebsratswahl relevant sein können (BT-Drs. 19/28899, 26). Des Weiteren fällt darunter auch zB die Kontaktaufnahme zu einer Gewerkschaft, um Informationen zur Betriebsratswahl zu erhalten.

38   Zum anderen muss der Arbeitnehmer eine **öffentlich beglaubigte Erklärung** nach § 129 BGB mit dem Inhalt abgegeben haben, dass er die Absicht hat, einen Betriebsrat oder eine Bordvertretung zu errichten. Dies hat den Vorteil, dass die Vorfeld-Initiatoren zu einer frühzeitigen Offenlegung ihrer Unterstützungshandlungen motiviert werden und die Vorbereitungshandlungen auch für den Arbeitgeber rechtzeitig erkennbar sind. Für alle Beteiligten tritt mit diesen Voraussetzungen frühzeitig Rechtssicherheit darüber ein, welche Arbeitnehmer Sonderkündigungsschutz genießen.

Praxistipp:

39   Diese Absichtserklärung kann von dem Arbeitnehmer selbst verfasst werden und soll die **folgenden Angaben** enthalten: Name, Geburtsdatum und Adresse des Arbeitnehmers, die möglichst konkrete Bezeichnung des Unternehmens und dessen Betrieb, in dem der Arbeitnehmer die Betriebsratsgründung bzw. Gründung einer Bordvertretung anstrebt, sowie die Erklärung der Absicht hierzu. Nach den Vorgaben des § 129 BGB muss die Unterschrift unter der Absichtserklärung des Arbeitnehmers von einem **Notar beglaubigt** werden. Für die notarielle Beglaubigung einer Unterschrift unter einer selbst verfassten Erklärung entsteht nach Nummer 25100 des Kostenverzeichnisses zum Gerichts- und Notarkostengesetz (KVGNoKG) eine Gebühr zwischen 20 EUR und 70 EUR zuzüglich Umsatzsteuer. Die Regelung enthält keine Frist für die Gültigkeit der öffentlichen Beglaubigung. Der Notar beglaubigt nur die Willensbekundung und ist nicht gehalten, deren Ernsthaftigkeit zu überprüfen.

40   Für den Kündigungsschutz kommt es nicht darauf an, in welcher Reihenfolge die beiden Voraussetzungen erfüllt werden.

41   In **zeitlicher Hinsicht** beginnt der Kündigungsschutz mit der Beglaubigung der Unterschrift unter der Absichtserklärung. Er endet mit dem

Zeitpunkt der Einladung zu einer Betriebs-, Wahl- oder Bordversammlung nach § 17 Abs. 3, 17a Nr. 3 S. 2, 115 Abs. 2 Nr. 8 S. 1 BetrVG, **spätestens jedoch drei Monate nach dem Zeitpunkt der Beglaubigung.** Dieser eindeutig bestimmbare Zeitraum schafft Klarheit sowohl für die Arbeitnehmer als auch für den Arbeitgeber.

Ganz eindeutig und zweifelsfrei ist die gesetzliche Regelung jedoch **42** dann nicht, wenn ein Arbeitnehmer beispielsweise nach einiger Zeit eine zunächst gescheiterte Initiative für eine Betriebswahl erneut aufgreift. Nach der Entwurfsbegründung fällt auch die Kontaktaufnahme zu einer Gewerkschaft, um Informationen zur Betriebsratswahl zu erhalten, unter den Begriff der Vorbereitungshandlung (BT-Drs. 19/28899, 26). Derartige Gespräche können lange im Vorfeld von tatsächlichen Vorbereitungsschritten erfolgen, so dass denkbar ist, dass der Arbeitnehmer zwischenzeitlich seine Vorbereitungshandlungen pausiert und sie erst zu einem späteren Zeitpunkt wieder aufnimmt. Man könnte sich berechtigterweise die Frage stellen, ob die Drei-Monats-Frist dann erneut zu laufen beginnt. Hiervon ist jedoch nicht auszugehen. Es ging dem Gesetzgeber darum, den neu geregelten Sonderkündigungsschutz rechtssicher für alle Parteien zu bestimmen und durch die zeitliche Begrenzung auch einzuschränken. Die Vorbereitungshandlungen sind derart weit gefasst, dass dem Gesetzgeber dabei klar war, dass sie monatelang vor dem eigentlichen Wahlverfahren stattfinden können. Dennoch soll der Kündigungsschutz mit Beginn der Beglaubigung längstens für drei Monate andauern.

Praxistipp:
Der Kündigungsschutz des § 15 Abs. 3b KSchG schützt vor **ver-** **43** **haltensbedingten- und personenbedingten ordentlichen Kündigungen.** Notwendige betriebsbedingte ordentliche Kündigungen bleiben hingegen unverändert möglich.

c) § 15 Abs. 5 KSchG. Die weiteren Änderungen stellen klar, dass **44** die Abs. 4 und 5 für die in den Abs. 1 bis 3a genannten Personen gelten. Hier ist der Sonderkündigungsschutz deutlich eingeschränkt, wenn der Betrieb oder ein Betriebsteil stillgelegt wird. Für die Vorfeld-Initiatoren, die in Abs. 3b genannt sind, ist dies nicht erforderlich, weil in diesem Fall die ordentliche betriebsbedingte Kündigung nicht vom Sonderkündigungsschutz ausgeschlossen ist.

d) § 16 KSchG – Neues Arbeitsverhältnis. § 16 KSchG gewährt **45** den durch § 15 KSchG geschützten Personen nach rechtskräftig gewonnenem Prozess ein Wahlrecht zwischen der Rückkehr in den alten Betrieb oder der Aufrechterhaltung eines zwischenzeitlich neu eingegangenen Arbeitsverhältnisses. Dies gilt nun auch für die in Abs. 3b genannten Vorfeld-Initiatoren.

46   **e) Ausspruch einer Kündigung trotz Sonderkündigungsschutz – die Rechtsfolgen.** Eine ordentliche Kündigung der nach § 15 Abs. 3, Abs. 3a und Abs. 3b KSchG geschützten Arbeitnehmer ist **nichtig, § 134 BGB** (BAG 19.4.2012 – 2 AZR 299/11, AP KSchG 1969 § 15 Nr. 72). Es kommt hierbei entscheidend auf den **Zeitpunkt des Zugangs der Kündigung** an (Däubler/Deinert/Zwanziger/*Kittner* KSchG § 15 Rn. 33). Zu diesem Zeitpunkt muss der Betroffene zu dem geschützten Personenkreis gehören. Der Sonderkündigungsschutz wirkt hingegen nicht zurück, auch wenn dessen Voraussetzungen im Laufe der Kündigungsfrist eintreten.

47   Eine vor Beginn des Sonderkündigungsschutzes zugegangene ordentliche Kündigung, deren Kündigungsfrist nach Beginn des Schutzes abläuft, bleibt deswegen bei Vorliegen eines Kündigungsgrundes wirksam. § 15 KSchG gewährt keinen vorwirkenden Sonderkündigungsschutz (Linck/Krause/Bayreuther/*Bayreuther* KSchG § 15 Rn. 51).

Praxistipp:

48   Für den Fall, dass der Arbeitgeber vermeintlich in Anbetracht einer kurz bevorstehenden ordentlichen Unkündbarkeit eines Arbeitnehmers „eilig" eine Kündigung ausspricht, um Förderungshandlungen in der Betriebsratsarbeit zu vergelten, könnte es sich um eine **unzulässige Maßregelung nach § 20 Abs. 2 BetrVG** handeln. § 20 Abs. 2 BetrVG regelt, dass niemand einen Arbeitnehmer in der Ausübung seines aktiven oder passiven Wahlrechts beschränken darf. Dies ist auch dann gegeben, wenn der Arbeitnehmer seine Befugnisse zwar bereits ausgeübt hat, ihm aber deswegen im Nachhinein Nachteile zugefügt werden (*Fitting* BetrVG § 20 Rn. 19). Solche Maßnahmen umfassen insbesondere eine Versetzung an einen schlechteren Arbeitsplatz und eben auch eine Kündigung. In diesem Fall wäre die Kündigung gem. § 134 BGB unwirksam und es können Schadensersatzansprüche des Arbeitnehmers ausgelöst werden. Die Herausforderung läge dann sicherlich darin, diese Absichten des Arbeitgebers nachzuweisen.

---

49   Gleichsam ist auch eine während der Dauer des Sonderkündigungsschutzes zugegangene ordentliche Kündigung unzulässig, und zwar selbst dann, wenn die Kündigungsfrist erst nach Ende der Schutzfristen abläuft (*Eylert/Rinck* BB 2018, 308 (310)).

Praxistipp:

50   Es bleibt dem Arbeitgeber unbenommen, den Ablauf des Sonderkündigungsschutzes abzuwarten und danach aus Gründen ordentlich zu kündigen, die eindeutig nicht im Zusammenhang mit der Förderung der Betriebsratsarbeit stehen (BAG 13.6.1996 – 2 AZR 431/95, NZA 1996, 1032 (1033)).

Das gesetzliche Kündigungsverbot umfasst **alle Formen der ordent-** 51
lichen Kündigung. Dies gilt auch zB für eine ordentliche Änderungskündigung oder eine außerordentliche Kündigung mit notwendiger Auslauffrist (*Thüsing/Laux/Lembke* KSchG § 15 Rn. 122). Die außerordentliche Kündigung bleibt bei Vorliegen eines wichtigen Grundes auch im Falle des Sonderkündigungsschutzes nach § 15 KSchG zulässig.

Praxistipp:

Andere Beendigungen des Arbeitsverhältnisses, zB durch einen Auf- 52
hebungsvertrag, Anfechtung oder Befristung, unterliegen nicht den
Beschränkungen des § 15 KSchG. Auch andere personelle Maßnahmen des Arbeitgebers, wie zB eine Versetzung in einen anderen
Betrieb oder einer Abmahnung, sind nicht von § 15 KSchG umfasst.
Derartige Maßnahmen sind aber ggf. am **Benachteiligungsverbot**
des § 78 BetrVG zu messen. Das betroffene Betriebsratsmitglied
oder der Betriebsrat können in solchen Fällen einen Antrag auf
Unterlassung im Beschlussverfahren stellen.

f) § 103 Abs. 2a BetrVG. § 103 Abs. 2a BetrVG stellt klar, dass das 53
Erfordernis einer gerichtlichen Zustimmung zur außerordentlichen Kündigung der in Abs. 1 genannten Personen auch dann gegeben ist, wenn
im Betrieb (noch) kein Betriebsrat besteht. Umfasst ist hiervon der
Schutz des (gebildeten) Wahlvorstands und der Wahlbewerber, da
diese in Abs. 1 ausdrücklich genannt werden. Der geschützte Personenkreis der Initiatoren einer erstmaligen Betriebsratswahl und die in § 15
Abs. 3a KSchG genannten Einladenden sind an dieser Stelle nicht einbezogen.

Nichts anderes gilt auch nach Inkrafttreten des Betriebsrätemodernisie- 54
rungsgesetzes: Der Gesetzgeber hatte sich bereits vor Inkrafttreten entschieden, die Wahlinitiatoren nicht in diesen Schutz vor einer außerordentlichen Kündigung einzubeziehen, und hat diese Entscheidung
auch für die Vorfeld-Initiatoren, die über § 15 Abs. 3b KSchG geschützt
werden, aufrecht erhalten. Es bleibt somit dabei, dass die außerordentliche Kündigung von Initiatoren einer Betriebsratswahl vor der förmlichen
Bestellung des Wahlvorstands und auch den in § 15 Abs. 3a KSchG Einladenden ohne gerichtliche Zustimmung möglich ist.

Dies deckt sich mit der höchstrichterlichen Rechtsprechung, die bereits 55
vor Inkrafttreten des Betriebsrätemodernisierungsgesetzes § 103 Abs. 2
BetrVG analog auf den Wahlvorstand und die Wahlbewerber in § 15
Abs. 3 S. 1 BetrVG angewandt hat, nicht jedoch auf in § 15 Abs. 3a
BetrVG genannte Personen. Das BAG begründet dies damit, dass im
Normbereich des § 103 Abs. 2 BetrVG der Kündigungsschutz für Personen geregelt sein soll, die Aufgaben im Rahmen der Betriebsverfassung
zu erfüllen haben (BAG 12.8.1976 – 2 AZR 303/75, BeckRS 9998,
153000). Dies darf nicht ausufernd angewandt werden und findet seine
Grenzen bei Vorfeld-Initiativen.

56 Ein Schutz besteht dennoch über § 78 BetrVG und die zivilrechtliche Generalklausel (§ 134 BGB). Dieser sog. **relative Kündigungsschutz soll ausreichen, wenn eine außerordentliche Kündigung** vor Bestellung eines Wahlvorstands ursächlich auf das betriebsverfassungsrechtliche Engagement zurückzuführen ist (BAG 22.2.1979 – 2 AZR 115/78). Es ist jedoch zu beachten, dass der gekündigte Arbeitnehmer die Darlegungs- und Beweislast für die Ursächlichkeit in einer solchen Konstellation trägt, da er sich auf den bestehenden Sonderkündigungsschutz beruft.

Praxistipp:

57 Möchte der Arbeitgeber einer in § 103 Abs. 1 BetrVG genannten Person eine außerordentliche Kündigung aussprechen und existiert im Betrieb (noch) kein Betriebsrat, wird dieser aber nach Antragstellung des Arbeitgebers und vor rechtskräftiger Entscheidung des Arbeitsgerichts gegründet, hat sich das gerichtliche Beschlussverfahren erledigt. Der bestehende Betriebsrat ist dann zuständig und einzubinden.

V. Aktives und passives Wahlrecht bei der Betriebsratswahl

1. Neuregelung

§ 7 BetrVG Wahlberechtigung

58 *Wahlberechtigt sind alle Arbeitnehmer des Betriebs, die das **16. Lebensjahr** vollendet haben. Werden Arbeitnehmer eines anderen Arbeitgebers zur Arbeitsleistung überlassen, so sind diese wahlberechtigt, wenn sie länger als drei Monate im Betrieb eingesetzt werden.*

§ 8 BetrVG Wählbarkeit

59 *(1) Wählbar sind alle Wahlberechtigten, die **das 18. Lebensjahr vollendet haben und** sechs Monate dem Betrieb angehören oder als in Heimarbeit Beschäftigte in der Hauptsache für den Betrieb gearbeitet haben. Auf diese sechsmonatige Betriebszugehörigkeit werden Zeiten angerechnet, in denen der Arbeitnehmer unmittelbar vorher einem anderen Betrieb desselben Unternehmens oder Konzerns (§ 18 Abs. 1 des Aktiengesetzes) angehört hat. Nicht wählbar ist, wer infolge strafgerichtlicher Verurteilung die Fähigkeit, Rechte aus öffentlichen Wahlen zu erlangen, nicht besitzt.*

(2) Besteht der Betrieb weniger als sechs Monate, so sind abweichend von der Vorschrift in Absatz 1 über die sechsmonatige Betriebszugehörigkeit diejenigen Arbeitnehmer wählbar, die bei der Einleitung der Betriebsratswahl im Betrieb beschäftigt sind und die übrigen Voraussetzungen für die Wählbarkeit erfüllen.

60 **2. Hintergrund der Neuregelung.** In den letzten 100 Jahren waren unter 18-Jährige von der Betriebsratswahl ausgeschlossen. Das hat der Gesetzgeber nun teilweise geändert. Die gesetzliche Änderung in § 7 S. 1

BetrVG senkt das Mindestalter für die **Wahlberechtigung** von der Vollendung des 18. Lebensjahres auf die **Vollendung des 16. Lebensjahres.** Der Gesetzgeber ist der Auffassung, dass der Ausschluss der jugendlichen Arbeitnehmer von der Wahlberechtigung nicht mehr zeitgemäß sei. Durch die aufgenommene Erwerbstätigkeit bzw. Berufsausbildung (§ 5 Abs. 1 BetrVG) seien auch jugendliche Arbeitnehmer über das aktive Wahlrecht gleichberechtigt in die Wahl des Betriebsrats einzubeziehen. Das Wahlalter wurde daher entsprechend den Regelungen zur Wahlberechtigung bei Sozialwahlen nach § 50 Abs. 1 SGB IV auf 16 Jahre abgesenkt.

Die Neuregelung in § 8 Abs. 1 S. 1 BetrVG dient der **Erhaltung der** 61 **Volljährigkeit** als Voraussetzung für das **passive Wahlrecht (Wählbarkeit)** zum Betriebsrat. Auch dies wurde parallel zu den Sozialwahlen in § 51 SGB IV entschieden. Bei der Wählbarkeit kam es zu keiner Absenkung des Lebensalters. Es bleibt bei einem Mindestalter von 18 Jahren.

3. Praktische Relevanz für das Wahlverfahren. Erstmals seit 1920 62 werden im Betrieb beschäftigte Personen (inkl. Auszubildende), die das 16. Lebensjahr vollendet haben, an der Wahl zum Betriebsrat beteiligt sein. Hierdurch ist es durchaus möglich, dass es gleichzeitig zu einer **höheren Anzahl von Betriebsratsgründungen** führen könnte. Durch diesen Effekt wäre das mit dem Betriebsrätemodernisierungsgesetz verfolgte Ziel erreicht.

Die Änderungen der Regelungen im aktiven und passiven Wahlrecht 63 der Arbeitnehmer wirkt sich in der Praxis für den Wahlvorstand vor allem in Bezug auf die zu **erstellende Wählerliste** aus. Der Wahlvorstand hat gem. § 2 Abs. 1 S. 1 WO BetrVG für jede Betriebsratswahl eine Wählerliste aufzustellen, die für die Durchführung der Betriebsratswahl von erheblicher Bedeutung ist. Nur die in die Wählerliste eingetragenen Arbeitnehmer können ihr aktives und passives Wahlrecht ausüben (zum Ablauf des Wahlverfahrens → Rn. 89 ff.). Die Eintragung in die Wählerliste begründet das aktive oder passive Wahlrecht jedoch nicht, sofern hierfür die Voraussetzungen nicht gegeben sind (*Fitting* WO § 2 Rn. 8).

Der Arbeitgeber hat dem Wahlvorstand alle für die Anfertigung der 64 Wählerliste erforderlichen Auskünfte zu erteilen und die erforderlichen Unterlagen zur Verfügung zu stellen (§ 2 Abs. 2 WO BetrVG). Für die Erstellung einer fehlerfreien Wählerliste ist es somit relevant, dass der Wahlvorstand über die Voraussetzungen sowohl für das aktive als auch für das passive Wahlrecht genau in Kenntnis gesetzt ist.

a) Aktives Wahlrecht. Das aktive Wahlrecht besteht zusammengefasst 65 für alle Arbeitnehmer (§ 5 Abs. 1 BetrVG), die
– am Wahltag/am letzten Tag der Stimmabgabe das 16. Lebensjahr vollendet haben,
– dem Betrieb angehören,
– in die Wählerliste eingetragen sind.

Praxistipp:

66 Die **Zulassung von nicht wahlberechtigten Arbeitnehmern** zur Wahl wird regelmäßig als **Anfechtungsgrund** bewertet (BAG 28.11.1977 – 1 ABR 40/76, BB 1978, 255). Dies gilt weiterhin auch nach Inkrafttreten des Betriebsrätemodernisierungsgesetzes. In diesem Zusammenhang ist jedoch die Neuregelung des § 19 BetrVG zu berücksichtigen (→ Rn. 19 ff.). Die Anfechtung der Wahl, soweit sie darauf gestützt wird, dass die Wählerliste unrichtig ist, setzt nunmehr voraus, dass zuvor Einspruch gegen die Richtigkeit der Wählerliste eingelegt wurde. Eine Anfechtung seitens des Arbeitgebers ist ausgeschlossen, wenn sie auf die Unrichtigkeit der Wählerliste gestützt wird und diese Unrichtigkeit auf seinen Angaben beruht.

67 **b) Passives Wahlrecht.** Das passive Wahlrecht besteht zusammengefasst für alle Wahlberechtigten, die

- am Wahltag/am letzten Tag der Stimmabgabe das 18. Lebensjahr vollendet haben,
- dem Betrieb 6 Monate angehören (das bloße Bestehen des Arbeitsvertrages reicht nicht, vielmehr muss der Arbeitnehmer eine tatsächliche arbeitsmäßige Verbindung zum Betrieb haben).

68 Gem. § 8 Abs. 1 S. 1 BetrVG sind alle Wahlberechtigten wählbar, die das **18. Lebensjahr vollendet** haben und die sechs Monate dem Betrieb angehören oder als in Heimarbeit Beschäftigte in der Hauptsache für den Betrieb gearbeitet haben. Damit setzt die Wählbarkeit zwar die Wahlberechtigung voraus, ein Gleichlauf zwischen dem aktiven und dem passiven Wahlrecht ist jedoch nicht gegeben.

69 Für das passive Wahlrecht hält der Gesetzgeber weiterhin an der Volljährigkeit fest. Neben dieser Altersangabe, die mit der Gesetzesnovelle eingefügt wurde, sind beim passiven Wahlrecht folgende Aspekte zu beachten:

Praxistipp:

70 Ein Arbeitnehmer, dessen Arbeitsverhältnis ordentlich oder außerordentlich gekündigt wurde und der Kündigungsschutzklage eingelegt hat, bleibt auch dann wählbar, wenn die Betriebsratswahl nach Ablauf der Kündigungsfrist erfolgt und der Arbeitnehmer nicht weiter beschäftigt wird (BAG 10.11.2004 – 7 ABR 12/04, BB 2005, 1456). Damit soll vermieden werden, dass der Arbeitgeber durch den Ausspruch einer Kündigung die Kandidatur eines bestimmten Bewerbers verhindert. Ein gekündigter Arbeitnehmer ist bis zur rechtskräftigen Entscheidung über die Wirksamkeit der Kündigung wählbar. Wird der gekündigte Arbeitnehmer dann tatsächlich gewählt, tritt bis zur rechtskräftigen Entscheidung ein Ersatzmitglied an dessen Stelle in den Betriebsrat ein. Jedenfalls in Fällen, in denen die Kündi-

gung nicht offensichtlich begründet ist, muss der gekündigte Arbeitnehmer daher auch weiterhin Zutritt zum Betrieb erhalten (*Fitting* BetrVG § 8 Rn. 22).

Praxistipp:
Sowohl Mitglieder des Wahlvorstandes als auch Mitglieder des Betriebsrats, die in einem Verfahren nach § 23 Abs. 1 BetrVG ihres Amtes enthoben wurden oder gem. § 24 BetrVG aus dem Betriebsrat ausgeschieden sind, besitzen weiterhin das passive Wahlrecht (*ErfK*/*Koch* BetrVG § 8 Rn. 2).   **71**

Praxistipp:
Bei der Berücksichtigung von nicht wählbaren Arbeitnehmern, die sich materiell auswirkt, zB durch Aufstellung als Wahlbewerber oder Wahl zum Betriebsratsmitglied, ist die Betriebsratswahl ebenfalls anfechtbar (BAG 12.9.2012 – 7 ABR 37/11, BB 2013, 244). Auch in diesem Zusammenhang sind bezüglich der Anfechtung die neuen Voraussetzungen des § 19 BetrVG zu berücksichtigen (→ Rn. 19 ff.).   **72**

VI. Aktives und passives Wahlrecht bei der JAV

1. Neuregelung

§ 60 BetrVG Errichtung und Aufgabe

(1) In Betrieben mit in der Regel mindestens fünf Arbeitnehmern, die das **73**
18. Lebensjahr noch nicht vollendet haben (jugendliche Arbeitnehmer) oder die zu ihrer Berufsausbildung beschäftigt sind, werden Jugend- und Auszubildendenvertretungen gewählt.

(2) Die Jugend- und Auszubildendenvertretung nimmt nach Maßgabe der folgenden Vorschriften die besonderen Belange der in Absatz 1 genannten Arbeitnehmer wahr.

§ 61 BetrVG Wahlberechtigung und Wählbarkeit

(1) Wahlberechtigt sind alle in § 60 Abs. 1 genannten Arbeitnehmer des **74**
Betriebs.

(2) Wählbar sind alle Arbeitnehmer des Betriebs, die das 25. Lebensjahr noch nicht vollendet haben **oder die zu ihrer Berufsausbildung beschäftigt sind;** *§ 8 Abs. 1 Satz 3 findet Anwendung. Mitglieder des Betriebsrats können nicht zu Jugend- und Auszubildendenvertretern gewählt werden.*

§ 63 BetrVG Wahlvorschriften

75   *(1) Die Jugend- und Auszubildendenvertretung wird in geheimer und unmittelbarer Wahl gewählt.*

(2) Spätestens acht Wochen vor Ablauf der Amtszeit der Jugend- und Auszubildendenvertretung bestellt der Betriebsrat den Wahlvorstand und seinen Vorsitzenden. Für die Wahl der Jugend- und Auszubildendenvertreter gelten § 14 Abs. 2 bis 5, § 16 Abs. 1 Satz 4 bis 6, § 18 Abs. 1 Satz 1 und Abs. 3 sowie die §§ 19 und 20 entsprechend.

(3) Bestellt der Betriebsrat den Wahlvorstand nicht oder nicht spätestens sechs Wochen vor Ablauf der Amtszeit der Jugend- und Auszubildendenvertretung oder kommt der Wahlvorstand seiner Verpflichtung nach § 18 Abs. 1 Satz 1 nicht nach, so gelten § 16 Abs. 2 Satz 1 und 2, Abs. 3 Satz 1 und § 18 Abs. 1 Satz 2 entsprechend; der Antrag beim Arbeitsgericht kann auch von jugendlichen Arbeitnehmern gestellt werden.

*(4) In Betrieben mit in der Regel fünf bis **100** der in § 60 Abs. 1 genannten Arbeitnehmer gilt auch § 14a entsprechend. Die Frist zur Bestellung des Wahlvorstands wird im Fall des Absatzes 2 Satz 1 auf vier Wochen und im Fall des Absatzes 3 Satz 1 auf drei Wochen verkürzt.*

*(5) In Betrieben mit in der Regel **101 bis 200** der in § 60 Abs. 1 genannten Arbeitnehmer gilt § 14a Abs. 5 entsprechend.*

§ 64 BetrVG Zeitpunkt der Wahlen und Amtszeit

76   *(1) Die regelmäßigen Wahlen der Jugend- und Auszubildendenvertretung finden alle zwei Jahre in der Zeit vom 1. Oktober bis 30. November statt. Für die Wahl der Jugend- und Auszubildendenvertretung außerhalb dieser Zeit gilt § 13 Abs. 2 Nr. 2 bis 6 und Abs. 3 entsprechend.*

(2) Die regelmäßige Amtszeit der Jugend- und Auszubildendenvertretung beträgt zwei Jahre. Die Amtszeit beginnt mit der Bekanntgabe des Wahlergebnisses oder, wenn zu diesem Zeitpunkt noch eine Jugend- und Auszubildendenvertretung besteht, mit Ablauf von deren Amtszeit. Die Amtszeit endet spätestens am 30. November des Jahres, in dem nach Absatz 1 Satz 1 die regelmäßigen Wahlen stattfinden. In dem Fall des § 13 Abs. 3 Satz 2 endet die Amtszeit spätestens am 30. November des Jahres, in dem die Jugend- und Auszubildendenvertretung neu zu wählen ist. In dem Fall des § 13 Abs. 2 Nr. 2 endet die Amtszeit mit der Bekanntgabe des Wahlergebnisses der neu gewählten Jugend- und Auszubildendenvertretung.

*(3) Ein Mitglied der Jugend- und Auszubildendenvertretung, das im Laufe der Amtszeit das 25. Lebensjahr vollendet **oder sein Berufsausbildungsverhältnis beendet**, bleibt bis zum Ende der Amtszeit Mitglied der Jugend- und Auszubildendenvertretung.*

77   **2. Hintergrund der Neuregelung.** Mit der **Jugend- und Auszubildendenvertretung (JAV)** steht den Auszubildenden in den Betrieben ein besonderes Gremium zur Verfügung, das ihre besonderen Interessen und Bedürfnisse gegenüber dem Arbeitgeber und dem Betriebsrat vertritt. Zudem bietet die Tätigkeit in der JAV die Möglichkeit, bereits frühzeitig Erfahrungen in einer Interessenvertretung im Betrieb zu sammeln. Aktiv wahlberechtigt waren nach alter Rechtslage des § 61 Abs. 2 BetrVG jedoch nur Arbeitnehmer, die jünger als 18 Jahre sind oder sich in einer Berufsausbildung befinden und jünger als 25 Jahre sind. Passiv wahlberechtigt waren nach alter Rechtslage und § 61 Abs. 2 BetrVG alle Arbeitnehmer, die jünger als 25 Jahre sind.

Der Gesetzgeber hat im Rahmen von Statistiken ausgewertet, dass ein **78** signifikanter Anteil der Auszubildenden 24 Jahre und älter ist. Dieser lag bundesweit bei ca. 13 % und bei Ausländern, die eine Ausbildung beginnen, sogar bei knapp 30 %. Diesem Altersdurchschnitt sollte auch im Betriebsverfassungsgesetz Rechnung getragen werden. Nunmehr wird beim aktiven und passiven Wahlrecht zur JAV nur noch **auf den Status,** nicht aber auf das Alter abgestellt.

Mit dieser gesetzlichen Neuregelung sind Auszubildende, die älter als **79** 25 Jahre sind, nicht mehr von einer Interessenvertretung durch die JAV ausgeschlossen. Bei der Berechnung des Schwellenwertes, ab dem eine JAV errichtet werden kann, werden künftig alle Auszubildenden unabhängig von ihrem Alter mitgezählt. Zudem sind Auszubildende künftig unabhängig von ihrem Alter passiv wahlberechtigt. Auch Auszubildende, die älter sind als 25 Jahre, sollen die Möglichkeit haben, sich in der JAV zu engagieren.

3. Relevanz beim Wahlverfahren. Die **Ausweitung des verpflich-** **80** **tenden und des vereinbarten Wahlverfahrens** für die Wahl des Betriebsrats in der Neuregelung des § 14a BetrVG (→ Rn. 1 ff.) gilt auch für die JAV.

Durch die gesetzliche Neuregelung sollte es nicht zu Schwierigkeiten **81** im Verhältnis von Betriebsrat und JAV kommen. Beide Gremien haben ganz unterschiedliche Aufgaben und sind auch nicht gegenseitig austauschbar. Die JAV nimmt speziell die **Interessen der Jugendlichen** **und Auszubildenden** gegenüber dem Betriebsrat wahr. Sie überwacht die Arbeit des Betriebsrats, so dass den Interessen der Jugendlichen und Auszubildenden ausreichend Rechnung getragen wird (Richardi BetrVG/*Annuß* § 60 Rn. 13). Der Betriebsrat hingegen vertritt die Interessen aller im Betrieb beschäftigten Personen. Er ist insbesondere auch für die Jugendlichen und Auszubildenden zuständig. Betriebsvereinbarungen, die zwischen Betriebsrat und Arbeitgeber geschlossen werden, wirken unmittelbar und zwingend für alle Arbeitsverhältnisse. Die JAV hat im Verhältnis zum Betriebsrat nicht die gleichen Beteiligungsrechte, (vgl. § 67 BetrVG) und kann insbesondere keine Betriebsvereinbarungen abschließen. Die Aufgaben der JAV sind vielmehr eher überwachender und beratender Art. Für die unter 18-Jährigen kann die Existenz der JAV somit den Zugang zum Betriebsrat nicht ersetzen (*Ulber/Klocke* NZA 2021, 825 (827)). Eine Doppelmitgliedschaft in Betriebsrat und JAV ist im Gesetz jedoch nicht vorgesehen (§ 61 Abs. 2 S. 2 BetrVG).

VII. Weitere geplante Änderungen der Verordnung zur Durchführung des Betriebsverfassungsgesetzes (WO BetrVG)

82   Im Nachgang zu den rechtlichen Änderungen des Betriebsrätemodernisierungsgesetzes hat der Gesetzgeber am 28.7.2021 einen Referentenentwurf veröffentlicht, der **Neuregelungen in der WO BetrVG** vorsieht. Die neuen gesetzlichen Vorschriften im BetrVG, die einen Bezug zum Wahlverfahren haben, sollen in der WO BetrVG parallel nachvollzogen werden. Zusätzlich sind weitere Anpassungen geplant, die die Arbeit der Wahlvorstände unter Berücksichtigung von Erkenntnissen aus der Praxis und der Rechtsprechung der Arbeitsgerichte erleichtern und die Rechtssicherheit erhöhen sollen. Der Referentenentwurf ist veröffentlicht, der Regierungsentwurf ist jedoch noch nicht verabschiedet. Möglicherweise handelt es sich somit nicht um den Entwurf in seiner finalen Fassung. Es ist aber davon auszugehen, dass die wesentlichen Änderungen in dieser Form umgesetzt werden.

83   Der Verordnungsentwurf enthält zum einen **zwingend erforderliche Anpassung der Wahlordnung** an die gesetzlichen Änderungen durch das Betriebsrätemodernisierungsgesetz. So macht zB die Absenkung des Mindestalters für die Wahlberechtigung Änderungen in der Vorschrift zur Wählerliste (§ 2 WO BetrVG) erforderlich. Die Ausweitung des vereinfachten Wahlverfahrens erfordert Anpassungen der Vorschriften zur Abgrenzung der anwendbaren Wahlverfahren.

84   Der Entwurf sieht zudem vor, dass die Wahlberechtigten auf die Einschränkung der Anfechtbarkeit der Wahl wegen Fehlern in der Wählerliste durch eine Erweiterung der Angaben im Wahlausschreiben hingewiesen werden. Schließlich bedingt die gesetzliche Absenkung der Zahl erforderlicher Stützunterschriften Anpassungen bei der Ungültigkeit von Vorschlagslisten und der Einladung zur Wahlversammlung im vereinfachten Wahlverfahren (§ 28 WO BetrVG). Es sind des Weiteren erforderliche Anpassungen der Wahlordnung Seeschifffahrt vorgesehen.

85   Neben den zwingend erforderlichen Anpassungen enthält der Verordnungsentwurf Neuerungen, die die Arbeit der Wahlvorstände unter Berücksichtigung von Erkenntnissen aus der Praxis und der Rechtsprechung der Arbeitsgerichte erleichtern und die Rechtssicherheit erhöhen soll. Nicht nur für die Betriebsräte, sondern auch für die **Wahlvorstände** besteht im Zuge der zunehmenden Digitalisierung der Arbeitswelt ein Bedürfnis, **Sitzungen virtuell mittels Video- oder Telefonkonferenzen** durchzuführen. Dies wird in § 1 WO BetrVG entsprechend ergänzt.

86   Eine **hohe Beteiligung an Betriebsratswahlen** stärkt die Mitbestimmung und die Demokratie im Betrieb. Es sollen möglichst alle Wahlberechtigten an der Wahl teilnehmen können. Deshalb sollen zum einen offenbare **Fehler der Wählerliste künftig noch bis zum Ende der Stimmabgabe** am Wahltag korrigiert werden können. Zum anderen sollen auch langfristig vom Betrieb abwesende Wahlberechtigte über die Durchführung der Betriebsratswahl informiert und ihnen die Wahlunterlagen auch ohne ausdrückliches Verlangen zugesandt werden, soweit dem Wahlvorstand ihre Abwesenheit bekannt ist (→ Rn. 124).

Des Weiteren wird die Stimmabgabe in Präsenz und bei Briefwahl leich- **87** ter und nachhaltiger gestaltet, indem die **Nutzung von Wahlumschlägen bei der persönlichen Stimmabgabe entfällt** (→ Rn. 137), und es soll für den Wahlvorstand bei der Betriebsratswahl hinsichtlich des Verfahrens bei der schriftlichen Stimmabgabe nach § 26 WO BetrVG mehr Rechtssicherheit geschaffen werden. Es wird ua klar geregelt werden, dass und wie der Wahlvorstand künftig festlegen kann, bis zu **welcher Uhrzeit ihm am jeweiligen Tag des Fristablaufs** die Vorschlagslisten oder Wahlvorschläge, etwaige Erklärungen dazu sowie Einsprüche gegen die Wählerliste zugegangen sein müssen. Dadurch wird die ohnehin bereits geltende Rechtsprechung des BAG umgesetzt (→ Rn. 118, 135).

Die näheren geplanten Änderungen werden an den einschlägigen Stel- **88** len beim Ablauf des Wahlverfahrens nochmals vertiefter erläutert. Es ist davon auszugehen, dass die geplanten Änderungen in der WO BetrVG noch in diesem Jahr in Kraft treten und somit für die kommende Betriebsratswahl 2022 bereits umzusetzen sind.

VIII. Ablauf des vereinfachten einstufigen Wahlverfahrens und Relevanz der rechtlichen Neuerungen

Mit Inkrafttreten des Betriebsrätemodernisierungsgesetzes und den **89** rechtlichen Änderungen in § 14 BetrVG hat das vereinfachte Wahlverfahren an Bedeutung gewonnen. Es ist davon auszugehen, dass es zukünftig und auch bereits bei den kommenden Betriebsratswahlen 2022 häufiger genutzt wird. Das **vereinfachte Wahlverfahren** findet nunmehr in Betrieben mit in der Regel 5 bis 100 wahlberechtigten Arbeitnehmern Anwendung. In Betrieben mit in der Regel 101 bis 200 wahlberechtigten Arbeitnehmern kann die Anwendung des vereinfachten Wahlverfahrens vereinbart werden.

Im Folgenden werden die einzelnen Schritte des vereinfachten Wahl- **90** verfahrens dargestellt. Es wird erläutert, was sich durch das Betriebsrätemodernisierungsgesetz geändert hat. Das vereinfachte Wahlverfahren zeichnet sich im Gegensatz zum normalen Wahlverfahren insbesondere durch **verkürzte Fristen** aus (§ 17a BetrVG; vgl. auch zum Ablaufplan im vereinfachten Wahlverfahren *Kühne/Meyer,* Betriebsratswahl, Frage 24). Die zu beachtenden Schritte sind im Wesentlichen die gleichen.

1. Einstufiges oder zweistufiges Wahlverfahren? Wenn im Betrieb **91**
noch kein Betriebsrat, Gesamtbetriebsrat oder Konzernbetriebsrat besteht, wird im vereinfachten zweistufigen Wahlverfahren gewählt. In diesem Fall gibt es **noch kein Gremium,** das den Wahlvorstand bestellen kann. Daher wird zunächst im ersten Schritt eine Betriebsversammlung durchgeführt, auf der der Wahlvorstand bestellt wird. Auf einer zweiten Wahlversammlung würde dann der Betriebsrat gewählt (vgl. auch § 14a Abs. 1 BetrVG und §§ 28–35 WO BetrVG).

92 Wenn es bereits einen Betriebsrat gibt, setzt dieser den Wahlvorstand ein und es wird das **vereinfachte einstufige Wahlverfahren** angewendet. Der neue Betriebsrat wird beim vereinfachten einstufigen Wahlverfahren auf nur einer Wahlversammlung in geheimer und unmittelbarer Wahl gewählt (§ 36 Abs. 1 WO BetrVG).

93 **2. Bestellung des Wahlvorstands.** Das Wahlverfahren beginnt mit der Bestellung des Wahlvorstandes. Dieser ist für die Einleitung und Durchführung der Wahl zuständig und das zentrale Organ des Wahlverfahrens. Der amtierende Betriebsrat bestellt im vereinfachten Wahlverfahren **spätestens vier Wochen vor Ablauf seiner Amtszeit** einen Wahlvorstand. Besteht drei Wochen vor Ablauf der Amtszeit des bisherigen Betriebsrats noch kein Wahlvorstand, so muss dieser durch den Gesamtbetriebsrat oder durch den Konzernbetriebsrat bestellt werden. Er kann in diesem Fall auch auf Antrag von mindestens drei Wahlberechtigten oder einer im Betrieb vertretenen Gewerkschaft vom Arbeitsgericht bestellt werden (§ 14a und § 17a BetrVG).

Praxistipp:

94 Das Betriebsrätemodernisierungsgesetz ermöglicht in § 30 BetrVG nunmehr **virtuelle Sitzungen** des Betriebsrats (näher hierzu → Rn. 195 ff.). Für den Wahlvorstand, der nach § 18 BetrVG die Aufgabe hat, die Betriebsratswahlen durchzuführen, besteht ebenfalls ein solches praktisches Bedürfnis. Er hat bei seiner Aufgabenwahrnehmung viele Verfahrensschritte in enger zeitlicher Abfolge zu beachten, was ihm durch die Nutzung von Video- und Telefonkonferenzen erleichtert werden kann. Der aktuelle Referentenentwurf des BMAS sieht daher vor, dass § 1 WO BetrVG dahingehend ergänzt wird, dass die **Sitzungen des Wahlvorstandes** grundsätzlich als Präsenzsitzungen stattfinden sollen. Zusätzlich soll – unter Festlegung gewisser Ausnahmen – aber auch die **Möglichkeit bestehen, Video- und Telefonkonferenzen durchzuführen.** In Anlehnung an § 30 Abs. 2 BetrVG muss sichergestellt sein, dass Dritte vom Inhalt der Sitzung keine Kenntnis nehmen und die Sitzung nicht aufgezeichnet wird.

95 **3. Wählerliste.** Als weiteren ersten Schritt muss der Wahlvorstand bis zur Wahlversammlung, auf der der neue Betriebsrat gewählt wird, die **Wählerliste erstellen** (§ 36 Abs. 1 S. 3 WO BetrVG iVm § 2 WO BetrVG). Gem. § 2 Abs. 1 S. 1 WO BetrVG hat der Wahlvorstand für jede Betriebsratswahl eine Wählerliste aufzustellen. Nur wer in der Wählerliste eingetragen ist, kann das **aktive bzw. passive Wahlrecht ausüben** (§ 2 Abs. 3 S. 1 WO BetrVG). Gem. § 2 Abs. 2 S. 1 WO BetrVG hat der Arbeitgeber dem Wahlvorstand alle für die Anfertigung der Wählerliste erforderlichen Auskünfte zu erteilen und die erforderlichen Unterlagen zur Verfügung zu stellen. Hierzu ist der Arbeitgeber auch verpflichtet, wenn bereits Fehler vorliegen, welche die Anfechtbarkeit der späteren Wahl begründen können.

Praxistipp:
Die **Mitwirkungspflicht des Arbeitgebers** beinhaltet, dass er dem   **96** Wahlvorstand alle für die Anfertigung der Wählerliste notwendigen Auskünfte erteilt, die erforderlichen Unterlagen zur Verfügung stellt und bei Feststellung der leitenden Angestellten unterstützt.

Die Wählerliste enthält alle aktiv und passiv Wahlberechtigten getrennt **97** nach Geschlechtern mit Familienname, Vorname und Geburtsdatum in alphabetischer Reihenfolge (§ 30 Abs. 1 WO BetrVG). An dieser Stelle sind die Änderungen der §§ 7, 8 BetrVG zu beachten.

Praxistipp:
Die Wählerliste dient dazu, den Arbeitnehmern das Wahlrecht zu   **98** erteilen (vgl. § 2 Abs. 3 WO BetrVG). Die fehlerfreie Aufstellung der Wählerliste ist somit sehr wichtig, andernfalls droht eine Wahlanfechtung. Der Wahlvorstand ist zu einer **kontinuierlichen Prüfung und Korrektur** der Wählerliste bei Unvollständigkeit, Schreibfehlern, offensichtlicher Unrichtigkeit oder Eintritt von Wahlberechtigten in den Betrieb oder Ausscheiden aus dem Betrieb bis zum Tag vor Beginn der Stimmabgabe verpflichtet.

Praxistipp:
Ein Abdruck der Wählerliste mit Nachname und Vorname, aber   **99** ohne das Geburtsdatum wird im Betrieb ausgelegt. Diese Wählerliste muss ständig auf dem neuesten Stand gehalten werden. Gleichzeitig ist auch die Wahlordnung auszulegen.

a) Aktives Wahlrecht. Gem. § 7 S. 1 BetrVG dürfen nunmehr alle **100** Arbeitnehmer des Betriebs an der Wahl teilnehmen, die das **16. Lebensjahr** am letzten Wahltag vollendet haben. Darüber hinaus knüpft die Wahlberechtigung an ein bestehendes Arbeits- oder Ausbildungsverhältnis (§ 5 Abs. 1 BetrVG) sowie die Eingliederung in die betriebliche Organisation an (BAG 10.11.2004 – 7 ABR 12/04, BB 2005, 1456).

Hierzu ist im Wesentlichen auszuführen, dass die Dauer der Betriebs- **101** zugehörigkeit oder der Umfang der Beschäftigung unerheblich sind. Auch eine Kündigung führt nicht zum Verlust der Wahlberechtigung, wenn die Kündigungsfrist am Tag der Wahl noch nicht abgelaufen ist. Nach Ablauf der Kündigungsfrist hingegen darf der gekündigte Arbeitnehmer nur wählen, wenn er weiter beschäftigt wird. Andernfalls ist er nicht mehr in den Betrieb eingegliedert. Dies gilt selbst dann, wenn er

Kündigungsschutzklage erhoben hat (BAG 10.11.2004 – 7 ABR 12/04, BB 2005, 1456).

102   Für den Begriff der Betriebszugehörigkeit ist entscheidend, dass der Arbeitnehmer **dem Betrieb zugeordnet** ist. Dies kann auch zB bei Außendienstmitarbeitern oder bei im Ausland beschäftigten Arbeitnehmern der Fall sein (ErfK/*Koch* BetrVG § 7 Rn. 12). Wenn ein Arbeitnehmer betriebsübergreifend eingesetzt wird oder eine Matrixstruktur vorliegt, kommt es entscheidend darauf an, welchem Betrieb der Arbeitnehmer funktional zugehörig ist. In der Regel ist dies der Betrieb des Vertragsarbeitgebers, so dass die Arbeitnehmer dort wahlberechtigt sind (*Hoffmann-Remy/Zaumseil* BB 2017, 1717 (1719)). Während der passiven Phase der Altersteilzeit entfällt das aktive Wahlrecht, obwohl ein Arbeitsverhältnis weiterhin besteht (BAG 16.4.2003 – 7 ABR 53/02, BB 2003, 2178).

103   Die Vorschrift des § 7 S. 2 BetrVG hat insbesondere **Bedeutung für Leiharbeitnehmer.** Diese können an der Betriebsratswahl im Einsatzbetrieb teilnehmen, wenn sie länger als drei Monate eingesetzt werden. Hierbei kommt es maßgeblich auf die geplante und nicht auf die erfolgte Einsatzdauer an. Im Übrigen sind kurzfristige Unterbrechungen der Einsatzzeiträume unschädlich, wenn ein Sachzusammenhang zwischen den Tätigkeiten gegeben ist (*Fitting* BetrVG § 7 Rn. 59 ff. mit Beispielen).

Praxistipp:

104   Das aktive Wahlrecht steht allen Arbeitnehmern des Betriebes zu (§ 5 Abs. 1 BetrVG), die in der Wählerliste eingetragen sind und am letzten Tag der Stimmabgabe das 16. Lebensjahr vollendet haben. Leitende Angestellte (§ 5 Abs. 3 BetrVG) besitzen kein Wahlrecht.

---

105   **b) Passives Wahlrecht.** Gem. § 8 Abs. 1 S. 1 BetrVG sind alle Wahlberechtigten wählbar, die das **18. Lebensjahr vollendet** haben und die **sechs Monate** dem Betrieb angehören oder als in Heimarbeit Beschäftigte in der Hauptsache für den Betrieb gearbeitet haben.

Praxistipp:

106   Ein Arbeitnehmer, dessen Arbeitsverhältnis ordentlich oder außerordentlich gekündigt wurde und der Kündigungsschutzklage eingelegt hat, bleibt auch dann wählbar, wenn die Betriebsratswahl nach Ablauf der Kündigungsfrist erfolgt und der Arbeitnehmer nicht weiter beschäftigt wird (BAG 10.11.2004 – 7 ABR 12/04, BB 2005, 1456). Damit soll vermieden werden, dass der Arbeitgeber durch den Ausspruch einer Kündigung die Kandidatur eines bestimmten Bewerbers verhindert. Ein gekündigter Arbeitnehmer ist bis zur **rechtskräftigen Entscheidung über die Wirksamkeit der Kündigung wählbar.** Wird der gekündigte Arbeitnehmer dann tatsächlich gewählt, tritt bis zur rechtskräftigen Entscheidung ein Ersatzmitglied an dessen Stelle in den Betriebsrat ein. Jedenfalls in Fällen, in denen die Kündigung nicht offensichtlich begründet ist, muss der gekündigte

---

Arbeitnehmer daher auch weiterhin Zutritt zum Betrieb erhalten (*Fitting* BetrVG § 8 Rn. 22).

Praxistipp:
Sowohl Mitglieder des Wahlvorstandes als auch Mitglieder des Be- 107
triebsrats, die in einem Verfahren nach § 23 Abs. 1 BetrVG ihres
Amtes enthoben wurden oder gem. § 24 BetrVG aus dem Betriebs-
rat ausgeschieden sind, besitzen weiterhin das passive Wahlrecht
(ErfK/*Koch* BetrVG § 8 Rn. 2).

Praxistipp:
Bei der Berücksichtigung von nicht wählbaren Arbeitnehmern, die 108
sich materiell auswirkt, zB durch Aufstellung als Wahlbewerber oder
Wahl zum Betriebsratsmitglied, ist die Betriebsratswahl ebenfalls anfechtbar (BAG 12.9.2012 – 7 ABR 37/11, BB 2013, 244). Auch in
diesem Zusammenhang sind bezüglich der Anfechtung die neuen
Voraussetzungen des § 19 BetrVG zu berücksichtigen (→ Rn. 19 ff.).

Praxistipp:
Das passive Wahlrecht steht wahlberechtigten Arbeitnehmern zu, die 109
dem Betrieb 6 Monate angehören und in einem ordnungsgemäßen
Wahlvorschlag aufgenommen sind. Hierbei werden Zeiten, in denen
der Arbeitnehmer unmittelbar vorher einem anderen Betrieb desselben Unternehmens oder Konzerns angehört hat, angerechnet. Besteht der Betrieb weniger als sechs Monate, so entfällt das Erfordernis
der sechsmonatigen Betriebszugehörigkeit.

4. Weitere Schritte nach Erstellung der Wählerliste. Nachdem die 110
Wählerliste aufgestellt wurde, sind als weitere Schritte:
– die Größe des zu wählenden Betriebsratsgremiums zu bestimmen,
– die Anzahl der Sitze im Betriebsrat für das Geschlecht der Minderheit
  festzulegen,
– Ort, Tag und Zeit der Stimmabgabe und der öffentlichen Stimmauszählung zu bestimmen.

5. Wahlausschreiben. Im Anschluss an die Aufstellung der Wähler- 111
liste erlässt der Wahlvorstand das Wahlausschreiben (§ 36 Abs. 2 S. 1 WO
BetrVG). Mit Erlass des Wahlausschreibens ist die **Betriebsratswahl
eingeleitet.** Der genaue Inhalt des Wahlausschreibens im vereinfachten
Wahlverfahren ist in § 31 Abs. 1 S. 3 WO BetrVG geregelt.

112   Im Wahlausschreiben ist unter anderem die **Zahl der zu wählenden Betriebsratsmitglieder** mitzuteilen. Die Größe des Betriebsrats hängt davon ab, wie viele Arbeitnehmer „in der Regel" in einem Betrieb beschäftigt sind (§ 9 BetrVG). Abzustellen ist hierbei auf die normale Beschäftigtenzahl, die für den Betrieb kennzeichnend ist. Der Wahlvorstand hat zur Feststellung der Arbeitnehmerzahl nicht nur den Personalbestand in der Vergangenheit zugrunde zu legen, sondern auch die künftige, aufgrund konkreter Entscheidungen des Arbeitgebers zu erwartende Entwicklung der Personalstärke einzubeziehen. Hierbei hat der Wahlvorstand im Rahmen pflichtgemäßen Ermessens einen gewissen Beurteilungsspielraum (LAG Berlin-Brandenburg 13.8.2015 – 5 TaBV 218/15, BeckRS 2015, 73146 Rn. 24).

113   Gem. § 31 Abs. 2 WO BetrVG ist ein Abdruck des Wahlausschreibens vom Tag seines Erlasses bis zum letzten Tag der Stimmabgabe an einer oder mehreren geeigneten, den Wahlberechtigten zugänglichen Stellen vom Wahlvorstand auszuhängen und in gut lesbarem Zustand zu erhalten. Es ist erforderlich, dass das **Wahlausschreiben allen Wahlberechtigten zugänglich ist,** so dass sie von dem Inhalt in zumutbarer Weise Kenntnis nehmen können. Zusätzlich kann nach § 31 Abs. 2 S. 2 WO BetrVG das Wahlausschreiben auch mittels der im Betrieb vorhandenen Informations- und Kommunikationstechnik bekannt gemacht werden. Gleiches gilt für die Wählerliste.

114   Abweichend von § 31 Abs. 1 Nr. 6 WO BetrVG ist im einstufigen Wahlverfahren ausschließlich die **Mindestzahl von Wahlberechtigten** anzugeben, von denen ein Wahlvorschlag unterzeichnet sein muss. Hier sind die geänderten Anforderungen von § 14 Abs. 4 BetrVG zu berücksichtigen (→ Rn. 12 ff.). Anders als in § 31 Abs. 3 Nr. 8 WO BetrVG geregelt hat der Wahlvorstand anzugeben, dass die Wahlvorschläge spätestens eine Woche vor dem Tag der Wahlversammlung zur Wahl des Betriebsrats bei ihm einzureichen sind. Der letzte Tag der Frist ist anzugeben.

Praxistipp:

115   Die Erstellung und Bekanntmachung des Wahlausschreiben ist der Startschuss für die Betriebsratswahl. Ab nun gelten wichtige Fristen, die im vereinfachten Wahlverfahren verkürzt sind.

Praxistipp:

116   Die geplanten Neuregelungen in der WO BetrVG sehen vor, dass der Wahlvorstand im **Wahlausschreiben auf die Anfechtungsausschlussgründe nach § 19 Abs. 3 BetrVG** hinweisen und den letzten Tag der Frist für die Einlegung des Einspruchs sowie **zusätzlich die Uhrzeit** angeben muss (→ Rn. 118).

6. Einsprüche gegen die Richtigkeit der Wählerliste. Arbeitneh- 117
mer können innerhalb von **drei Tagen nach Erlass des Wahlausschreibens** Einsprüche gegen die Richtigkeit der Wählerliste einlegen
(§ 36 Abs. 1 S. 3 WO BetrVG ivm § 30 Abs. 2 WO BetrVG). Die **Frist
für den Einspruch** gegen die Wählerliste endet nach § 41 WO BetrVG
ivm §§ 187 ff. BGB am letzten Tag der Frist um **24 Uhr.**

Praxistipp:

Das gesetzliche Ende der Frist um 24 Uhr birgt in der Praxis das 118
Problem, dass der Wahlvorstand um diese Uhrzeit nicht mehr da ist,
um den Einspruch entgegenzunehmen. Die Wahlvorstände geben
daher regelmäßig eine frühere Uhrzeit am letzten Tag der Frist an,
um zu gewährleisten, dass die Einsprüche noch während ihrer Ge-
schäftszeiten eingehen. Dies wiederum führt zu einer Verkürzung
der Frist. Das BAG entschied (BAG 16.1.2018 – 7 ABR 11/16,
BeckRS 2018, 9726), dass der Wahlvorstand die Möglichkeit, Einsprüche gegen die Richtigkeit der Wählerliste am letzten Tag der
Frist einzulegen, auf das **Ende der Dienststunden des Wahlvorstandes** begrenzen kann, wenn dieser Zeitpunkt nicht vor dem Ende
der Arbeitszeit der Mehrheit der Arbeitnehmer liegt. Diese Rechtsprechung soll nunmehr nach dem aktuellen Referentenentwurf in
§ 41 WO BetrVG verfestigt werden. Hierfür soll ein Abs. 2 eingefügt
werden, der vorsieht, dass der Wahlvorstand am letzten Tag der Frist
eine **Uhrzeit festlegen kann, bis zu der ihm Erklärungen und
Einsprüche zugehen** müssen. Diese Uhrzeit darf weiterhin nicht
vor dem Ende der Arbeitszeit der Mehrheit der Wähler an diesem
Tag liegen (Referentenentwurf vom 28.7.2021, S. 15; https://
www.bmas.de/DE/Service/Gesetze-und-Gesetzesvorhaben/
aenderungsverordnung-vo-durchfuehrung-betriebsverfassungs-
gesetz.html).

Im Falle eines Einspruchs muss der Wahlvorstand **unverzüglich eine** 119
Entscheidung darüber treffen, ob der Einspruch gerechtfertigt ist oder
nicht. Wenn der Wahlvorstand den Einspruch als unbegründet ansieht,
muss er dies dem Arbeitnehmer unverzüglich schriftlich mitteilen. Wenn
er den Einspruch als begründet ansieht, muss er die Wählerliste unverzüglich korrigieren und den Arbeitnehmer auch hierüber schriftlich informieren.

Änderungen der Wählerliste sind in gleicher Weise bekanntzuma- 120
chen wie die ursprüngliche Wählerliste (BAG 2.8.2017 – 7 ABR 42/15,
BeckRS 2017, 136027 Rn. 26) und sind auch im Intranet bekanntzuge-
ben, sofern die Wählerliste dort auch veröffentlicht wurde (§ 2 Abs. 4
S. 3 WO BetrVG). Sofern der Wahlvorstand für die Bekanntmachung
mehrere Informationsquellen nutzt, muss er dafür Sorge tragen, dass diese
während des Wahlverfahrens durchgängig übereinstimmen.

Zu der Frage, bis wann Berichtigungen der Wählerliste vorgenommen 121
werden können, hat das BAG am 21.3.2017 (7 ABR 19/15, NZA 2017,

1075) eine Entscheidung getroffen: Danach verstoße der Wahlvorstand gegen § 4 Abs. 3 S. 2 WO BetrVG und damit gegen eine wesentliche Vorschrift über das Wahlverfahren, wenn er noch am Wahltag die Wählerliste zB durch handschriftliche Ergänzungen ändere. Dies mache die Wahl gem. § 19 BetrVG anfechtbar. Durch § 4 Abs. 2 S. 3 WO BetrVG solle verhindert werden, dass Veränderungen der Wählerliste am Wahltag zu Manipulationen missbraucht werden. Zu Beginn des Wahltags soll Klarheit darüber bestehen, wer zur Stimmabgabe berechtigt ist.

Praxistipp:

122 Diese Rechtsprechung hat sich mit Inkrafttreten der Neuregelungen in der WO BetrVG voraussichtlich erledigt. § 4 Abs. 3 S. 2 WO BetrVG soll dahingehend geändert werden, dass **offenbare Fehler der Wählerliste künftig noch bis zum Ende der Stimmabgabe am Wahltag** korrigiert werden können. Dadurch soll gewährleistet werden, dass alle Wahlberechtigten an der Wahl teilnehmen können. Auch bei der Wahl der Bordvertretung soll eine Berichtigung der Wählerliste bis zum Zeitpunkt des Abschlusses der Stimmabgabe möglich sein. Bei der Wahl des Seebetriebsrats ist eine Berichtigung bereits nach geltendem Recht bis zu diesem Zeitpunkt möglich (Referentenentwurf vom 28.7.2021, S. 14; https://www.bmas.de).

123 Die Wählerliste ist bis zum Tag vor Beginn der Stimmabgabe nach § 4 Abs. 3 WO BetrVG **laufend zu aktualisieren,** insbesondere sind eintretende und ausscheidende Mitarbeiter zu berücksichtigen. Eine Betriebsratswahl ist unwirksam, wenn auf der Wählerliste nicht alle wahlberechtigten Arbeitnehmer aufgeführt sind und nicht ausgeschlossen werden kann, dass eine korrekte Liste das Wahlergebnis verändert hätte. Da der Arbeitgeber keine Einspruchsbefugnis gegen die Richtigkeit der Wählerliste hat, ist er auch bei fehlendem Einspruch anfechtungsberechtigt. Daran hat sich auch mit der Neuregelung des § 19 Abs. 3 BetrVG nichts geändert. Die Anfechtung des Arbeitgebers ist gem. § 19 Abs. 3 S. 3 BetrVG jedoch ausgeschlossen, wenn sie auf die Unrichtigkeit der Wählerliste gestützt wird und die Unrichtigkeit auf den Angaben des Arbeitgebers beruht (→ Rn. 22).

Praxistipp:

124 Nach § 24 Abs. 2, 30 Abs. 2 WO BetrVG muss der Wahlvorstand Wahlberechtigten, von denen ihm bekannt ist, dass sie aufgrund der Eigenart ihres Beschäftigungsverhältnisses am Wahltag nicht im Betrieb anwesend sein werden, die Wahlunterlagen für eine Briefwahl zusenden, ohne dass die Wahlberechtigten dies verlangen müssen. Für Beschäftigte, die aufgrund anderer Umstände längere Zeit und bis zum Wahltag nicht im Betrieb anwesend sind und deshalb von der Wahl keine Kenntnis erlangen, besteht keine entsprechende Regelung. Der aktuelle Referentenentwurf des BMAS sieht vor, dass der **Wahlvorstand** künftig auch Beschäftigten, die aufgrund anderer als der bisher in § 24 Abs. 2 WO BetrVG genannten Umstände **längere Zeit nicht im Betrieb anwesend** sein werden und somit von der Wahl keine Kenntnis erlangen können, **ohne gesondertes Verlangen die Wahlunterlagen zusenden,** wenn ihm bekannt ist, dass der wahlberechtigte Arbeitnehmer bis zum Wahltag voraussichtlich nicht anwesend sein wird. Hierdurch soll möglichst vielen Wahlberechtigten die Teilnahme an der Betriebsratswahl ermöglicht werden.

7. Einreichen von Wahlvorschlägen. Bis **eine Woche vor dem** 125 **Wahltermin** können Wahlbewerber ihre Wahlvorschläge beim Wahlvorstand einreichen. Die eingereichten Wahlvorschläge, die die gleichen Voraussetzungen erfüllen müssen wie beim normalen Wahlverfahren, muss der Wahlvorstand nach Ablauf dieser Frist bis zum Abschluss der Stimmabgabe im Betrieb bekannt machen.

Praxistipp:
Werden keine Vorschläge eingereicht, gibt es im vereinfachten 126 Wahlverfahren – im Gegensatz zum normalen Wahlverfahren – **keine Möglichkeit, die Frist zu verlängern.** Mit der Bekanntmachung, dass kein (gültiger) Wahlvorschlag eingereicht wurde, ist die Betriebsratswahl abgebrochen und das Amt des Wahlvorstands erloschen. Die Betriebsratswahl findet nicht statt und ist erst dann wieder möglich, wenn ein vollständig neues Wahlverfahren eingeleitet wird.

Im **vereinfachten Wahlverfahren** findet grundsätzlich immer eine 127 **Personenwahl** nach den Grundsätzen der Mehrheitswahl statt: Jeder wahlberechtigte Arbeitnehmer hat so viele Stimmen, wie Betriebsräte zu wählen sind, und kreuzt einzelne Kandidaten an. Gewählt ist, wer die meisten Stimmen erhält. Wahlvorschlagsberechtigt sind die gem. § 7 BetrVG wahlberechtigten Arbeitnehmer und die im Betrieb vertretenen Gewerkschaften. Bereits bei der Berechtigung, Wahlvorschläge einzureichen, ist daher die Absenkung des Mindestalters von Volljährigkeit auf 16 Jahre zu berücksichtigen (→ Rn. 58 ff.).

Praxistipp:
Gesetzlich nicht geregelt ist der Fall, dass es für eine Betriebsratswahl 128 weniger Wahlbewerber als zu wählende Betriebsratsmitglieder gibt. In diesem Fall wird § 11 BetrVG entsprechend angewandt, wonach bei der Zahl der Betriebsratsmitglieder so lange auf die nächstniedrigere Betriebsgröße iSd § 9 BetrVG abgestuft wird, bis die Zahl der Wahlbewerber ausreicht (LAG Düsseldorf 4.7.2014 – 6 TaBV 24/14, BeckRS 2014, 71144).

129   Die **Wahlvorschläge** können im **einstufigen Verfahren nur schriftlich** gemacht werden (§ 36 Abs. 5 S. 1 WO BetrVG). Sie bedürfen zu ihrer Gültigkeit der nach § 14 Abs. 4 BetrVG erforderlichen Anzahl von Stützunterschriften. Nach § 14 Abs. 4 BetrVG bedarf es nunmehr weniger Stützunterschriften. Bei **21 bis 100 wahlberechtigten Arbeitnehmern** muss jeder Wahlvorschlag von mindestens zwei wahlberechtigten Arbeitnehmern und in Betrieben mit in der Regel **mehr als 100 wahlberechtigten Arbeitnehmern** von mindestens einem Zwanzigstel der wahlberechtigten Arbeitnehmer unterzeichnet sein. Stets ausreichend sind 50 Stützunterschriften (→ Rn. 12 ff.).

Praxistipp:

130   Die Stützunterschriften müssen den gesamten Wahlvorschlag erfassen, dh mit ihm eine **einheitliche Urkunde** bilden. Die Heftung von Vorschlag und Stützunterschriften oä ist nicht nötig, wenn sich aus anderen Umständen ergibt, dass es sich um eine einheitliche Urkunde handelt. Dies kann zum Beispiel eine fortlaufende Nummerierung sein.

131   Zur Unterstützung sind ebenfalls alle wahlberechtigten Arbeitnehmer iSd § 7 BetrVG berechtigt (→ Rn. 58 ff.).

Praxistipp:

132   Die **Ungültigkeit des Wahlvorschlag** liegt in folgender Konstellation vor (LAG Rheinland-Pfalz 14.1.2016 – 5 TaBV 19/15, BeckRS 2016, 66552 Rn. 24): Ein Wahlvorschlag wird nach Leistung der erforderlichen Zahl von Stützunterschriften um weitere Kandidaten ergänzt. Die nachträgliche Ergänzung der Kandidatenliste wird jedoch nicht kenntlich gemacht. Es werden sodann weitere Stützunterschriften gesammelt, die für sich genommen das erforderliche Quorum (Anzahl der Stützunterschriften) erreichen. Es besteht das Risiko, dass sich die späteren Unterstützer von den bereits vorhandenen Stützunterschriften beeinflussen lassen und nur deshalb ihre Unterschrift leisten. Weil die späteren Ergänzungen der ursprünglichen Vorschlagsliste um weitere Kandidaten nicht kenntlich gemacht wurden, wird gegenüber den späteren Unterzeichnern der Eindruck erweckt, die gesamte Vorschlagsliste werde bereits von einer bestimmten Anzahl von Personen unterstützt.

133   Die **Wahlvorschläge** sind spätestens eine Woche vor der Wahlversammlung zur Wahl des Betriebsrats beim Wahlvorstand **einzureichen** (§ 36 Abs. 5 S. 1 WO BetrVG). Die Frist zur Einreichung setzt der Wahlvorstand. Das Fristende muss jedoch spätestens eine Woche vor dem Tag der Wahlversammlung liegen (*Fitting* BetrVG § 14a Rn. 49).

134   Der Wahlvorstand hat die eingehenden Wahlvorschläge **unverzüglich zu prüfen** und den Einreicher über eine evtl. Unzulässigkeit zu unterrichten (Schaub ArbR-HdB/*Koch* § 217 Rn. 35). Die Prüfung innerhalb von zwei Arbeitstagen genügt diesen Anforderungen nicht (BAG 25.5.2005 – 7 ABR 39/04, NZA 2006, 116). Die Wahl wäre in diesem Fall anfechtbar. Eine Prüfung der Wahlvorschläge ist unverzüglich isd § 7 Abs. 2 S. 2 WO BetrVG, wenn sie noch **am Tag der Einreichung der Wahlvorschläge** erfolgt (LAG Nürnberg 13.3.2002 – 2 TaBV 13/02, BeckRS 2002, 40615). Der Wahlvorstand muss geeignete Vorkehrungen treffen, um am Tag des Endes der Einreichungsfrist kurzfristig zusammentreten und eingehende Wahlvorschläge prüfen zu können. Er muss deswegen bis zum Ende der Abgabefrist erreichbar sein.

> **Praxistipp:**
> Auch die Frist für die Einreichung von Wahlvorschlägen endet – genau wie die Frist für den Einspruch gegen die Wählerliste – nach § 41 WO BetrVG iVm §§ 187 ff. BGB am letzten Tag der Frist um 24 Uhr. Auch in dieser Fallkonstellation besteht somit das Problem, dass Wahlvorstände in der Praxis regelmäßig eine frühere Uhrzeit am letzten Tag der Frist angeben, um zu gewährleisten, dass Wahlvorschläge und damit verbundener Erklärungen noch während der Geschäftszeiten des Wahlvorstandes eingehen. Die Rechtsprechung des BAG (BAG 16.1.2018 – 7 ABR 11/16, BeckRS 2018, 9726) gilt gleichermaßen für die Einreichung von Wahlvorschlägen. Das BAG hat entschieden, dass der Wahlvorstand die Möglichkeit zur Einreichung von Wahlvorschlägen am letzten Tag der Frist auf das **Ende der Arbeitszeit im Betrieb oder auf das Ende der Dienststunden des Wahlvorstandes** begrenzen kann, wenn dieser Zeitpunkt nicht vor dem Ende der Arbeitszeit der Mehrheit der Arbeitnehmer liegt. Diese Rechtsprechung soll nunmehr nach dem aktuellen Referentenentwurf in § 41 WO BetrVG verfestigt werden. Hierfür soll ein Abs. 2 eingefügt werden, der vorsieht, dass der Wahlvorstand am letzten Tag der Frist eine **Uhrzeit festlegen kann, bis zu der ihm Erklärungen und Einsprüche zugehen** müssen. Diese Uhrzeit darf weiterhin nicht vor dem Ende der Arbeitszeit der Mehrheit der Wähler an diesem Tag liegen (Referentenentwurf vom 28.7.2021, S. 15; https://www.bmas.de).

135

8. Wahlvorgang. Der Betriebsrat wird in geheimer, unmittelbarer, allgemeiner, gleicher und freier Wahl gewählt. Die Wahl findet im vereinfachten Verfahren im Rahmen einer Wahlversammlung statt. Dies bedeutet aber nichts anderes, als dass in einem Wahllokal geheim (in Wahlkabinen) und unmittelbar durch den wahlberechtigten Arbeitnehmer selbst gewählt wird. Zwei Wahlvorstände müssen den Ablauf der Wahl überwachen.

136

Praxistipp:

137   Die Stimmabgabe erfolgte bei der Betriebsratswahl bislang in der Form, dass der Wahlberechtigte den von ihm gekennzeichneten Stimmzettel in einem Wahlumschlag verschließt. Bei der Auszählung der Stimmen wird jeder Stimmzettel zunächst aus dem Wahlumschlag entnommen, bevor er ausgewertet werden kann. Bei anderen Wahlen – wie etwa politischen Wahlen oder der Wahl der Arbeitnehmervertretung zum Aufsichtsrat – bedarf es keines Wahlumschlags, sondern der Stimmzettel wird so gefaltet, dass die Stimme nicht erkennbar ist, und so in die Wahlurne eingeworfen. Der aktuelle Referentenentwurf des BMAS sieht vor, dass auch bei Betriebsratswahlen die **Präsenzwahl künftig ohne Wahlumschläge** erfolgt. Dadurch kann der Zeitaufwand für den Wahlvorstand bei der Stimmauszählung und im Sinne besserer Nachhaltigkeit auch die Umwelt- und Kostenbelastung reduziert werden. Die Änderung wird auch für die Wahl der Bordvertretung in der WO Seeschifffahrt und in der Wahlordnung Post übernommen.

138   Die Durchführung von **Online-Wahlen** ist nach bisheriger Rechtsprechung und auch nach Inkrafttreten des Betriebsrätemodernisierungsgesetzes **nicht zulässig** und eine derart durchgeführte Wahl wäre daher nichtig (ArbG Hamburg 7.6.2017 – 13 BV 13/16, BeckRS 2017, 118616). Die Betriebsratswahl ist als geheime Wahl durchzuführen. Nach § 12 Abs. 1 S. 1 WO BetrVG hat der Wahlvorstand geeignete Vorkehrungen für die unbeobachtete Bezeichnung der Stimmzettel im Wahlraum zu treffen. Ein Verstoß gegen den Grundsatz der geheimen Wahl liegt nicht erst vor, wenn der Wähler tatsächlich beobachtet wurde. Voraussetzung ist vielmehr, dass er subjektiv die Überzeugung haben konnte, unbeobachtet zu sein (LAG Düsseldorf 13.12.2016 – 9 TaBV 85/16, BeckRS 2016, 115194 Rn. 35).

Praxistipp:

139   Das LAG Düsseldorf hielt eine Wahl daher für unwirksam, weil Wähler bei der Stimmabgabe in einem ca. 40 m² großen Raum mit dem Rücken zum Wahlvorstand saßen. Angesichts dieser geringen Distanz konnten sich die Wähler nicht völlig unbeobachtet fühlen. Der Wahlvorstand hat **Wandschirme, Trennwände oä im Wahlraum aufzustellen** (LAG Düsseldorf 3.8.2007 – 9 TaBV 41/07, BeckRS 20017, 48394).

Praxistipp:

140   Gem. § 26 Abs. 1 WO BetrVG pflegt der Wahlvorstand die aufgrund schriftlicher Stimmabgabe eingegangenen Stimmen unmittelbar vor Abschluss der Stimmabgabe in die Wahlurne ein. Nach der Rechtsprechung des BAG (BAG 20.5.2020 – 7 ABR 42/18, BeckRS 2020,

21260) hat der Wahlvorstand bei der Bestimmung des **richtigen Zeitpunkts für die Bearbeitung der schriftlich abgegebenen Stimmen** einen Beurteilungsspielraum, muss aber eine gerichtlich überprüfbare Prognose anstellen, bei der er die notwendige Zeit zur Vornahme der erforderlichen Handlungen (Ordnungsmäßigkeit der schriftlichen Stimmabgabe, Vermerk der Stimmabgabe in die Wählerliste, Einwurf des Wahlumschlag in die Wahlurne) zu berücksichtigen hat. Diese Prognoseentscheidung ist mit Unsicherheiten behaftet, die zur Anfechtbarkeit der Wahl führen können. Um die Rechtssicherheit zu erhöhen, sieht der aktuelle Referentenentwurf des BMAS daher vor, dass das **Verfahren nach § 26 Abs. 1 WO BetrVG erst nach der Stimmabgabe zu Beginn der öffentlichen Sitzung, in der die Stimmauszählung erfolgt, durchgeführt wird.**

9. Anfechtung der Wahl. Jede Betriebsratswahl kann vor dem Arbeitsgericht angefochten werden. Die Wahlanfechtung ist in § 19 BetrVG geregelt. Nach § 19 BetrVG kann die Betriebsratswahl beim Arbeitsgericht angefochten werden, wenn bei der Wahl **gegen wesentliche Vorschriften über das Wahlrecht, die Wählbarkeit oder das Wahlverfahren verstoßen** worden und eine Berichtigung nicht erfolgt ist, es sei denn, dass durch den Verstoß das Wahlergebnis nicht geändert oder beeinflusst werden konnte (§ 19 Abs. 1 BetrVG). **141**

Liegt – unabhängig von der Neuregelung des § 19 BetrVG – ein **142** Anfechtungsgrund der Betriebsratswahl vor, stellen sich praktische Probleme vor allem vor dem Hintergrund der Anfechtungsberechtigung sowie der Einhaltung der gesetzlichen Anfechtungsfrist (vgl. allgemein zur Wahlanfechtung Löwisch/Kaiser/*Wiebauer* BetrVG § 19 Rn. 1 ff.). Die Wahl ist nur innerhalb von **zwei Wochen** (§§ 187 ff. BGB) **nach Bekanntgabe des Wahlergebnisses anfechtbar** (§ 19 Abs. 2 S. 2 BetrVG, § 18 WO BetrVG), nach Ablauf dieser Frist erlischt das Anfechtungsrecht endgültig (BAG 26.10.1979 – 7 AZR 752/77, BB 1980, 315). In diesem Fall bleibt der fehlerhaft gewählte Betriebsrat für die Dauer seiner Amtszeit mit vollen Befugnissen im Amt und wird wie ein wirksam gewählter Betriebsrat behandelt (BAG 27.6.1995 – 1 ABR 62/94, BB 1996, 1504). Der Anfechtungsantrag muss am Tag des Fristablaufs bis 24 Uhr bei Gericht eingegangen sein. Die Frist ist nicht verlängerbar und auch eine Wiedereinsetzung in den vorigen Stand ist nicht möglich (LAG Niedersachsen 19.10.2012 – 6 TaBV 82/10, AuR 2013, 100). § 4 Abs. 1 WO BetrVG regelt, dass Einsprüche gegen die Richtigkeit der Wählerlisten mit Wirksamkeit für die Betriebsratswahl nur binnen zwei Wochen ab Erlass des Wahlausschreibens beim Wahlvorstand eingelegt werden können.

Das BAG entschied, dass ein unterlassener Einspruch gegen die Wäh- **143** lerliste gem. § 4 WO BetrVG nicht zum Verlust der Anfechtungsberechtigung gem. § 19 Abs. 2 BetrVG führe, weil es sich bei der Wahlordnung um nachrangiges Recht handele (BAG 2.8.2017 – 7 ABR 42/15, BeckRS 2017, 136072). Diese Entscheidung ist mit der Änderung des § 19 BetrVG und dem neu eingefügten Abs. 3 hinfällig geworden. Dieser regelt nunmehr explizit, dass die Anfechtung ausgeschlossen ist, soweit sie auf die Unrichtigkeit der Wählerliste gestützt wird und nicht zuvor aus demselben Grund Einspruch gegen die Richtigkeit der Wählerliste eingelegt wurde (→ Rn. 19 ff.).

144   Abzugrenzen von der Anfechtbarkeit einer Betriebsratswahl ist deren **Nichtigkeit,** die zur Nichtexistenz des gewählten Betriebsrats führt. Sie kann gerichtlich auch außerhalb der Zwei-Wochen-Frist des § 19 Abs. 2 BetrVG festgestellt werden. Nichtig ist eine Betriebsratswahl aber nur dann, wenn **grobe und offensichtliche Verstöße gegen wesentliche Grundsätze** des gesetzlichen Wahlrechts vorliegen, die so schwerwiegend sind, dass auch der Anschein einer dem Gesetz entsprechenden Wahl nicht mehr besteht.

145   Trotz einer laufenden Wahlanfechtung bleibt der gewählte Betriebsrat zunächst im Amt. Eine Anfechtung hat nicht zur Folge, dass der fehlerhaft gewählte Betriebsrat rückwirkend sein Amt verliert. Erst wenn ein rechtskräftiger Beschluss über die Unwirksamkeit einer Betriebsratswahl vorliegt, sind im Betrieb Neuwahlen durchzuführen. Der Betriebsrat führt die Geschäfte in diesem Fall nicht bis zur Neuwahl weiter, sondern verliert sein Amt mit Rechtskraft einer die Unwirksamkeit feststellenden Entscheidung (Richardi BetrVG/*Thüsing* § 19 Rn. 69).

146   **10. Sonderkündigungsschutz.** Die **Mitglieder des Betriebsrats** sind während ihrer Amtszeit und nach Beendigung für die Dauer von sechs Monaten gem. § 15 Abs. 1 S. 1 KSchG besonders vor Kündigung geschützt. Eine Kündigung ist nur ausnahmsweise nach § 15 Abs. 4 und Abs. 5 KSchG bei Betriebsstilllegung oder Stilllegung einer Betriebsabteilung möglich.

147   Die **Mitglieder des Wahlvorstandes** haben ab dem Zeitpunkt der Bestellung des Wahlvorstandes Sonderkündigungsschutz nach § 15 Abs. 3 S. 1 KSchG. Der Kündigungsschutz wirkt ab der Bekanntgabe des Wahlergebnisses noch sechs Monate fort. Auch **Wahlbewerber** haben nach § 15 Abs. 3 KSchG Sonderkündigungsschutz. Der beginnt, sobald ein Wahlvorstand für die Wahl bestellt ist, ein Wahlvorschlag für den Kandidaten vorliegt und dieser die erforderliche Zahl von Stützunterschriften aufweist. Fehlt es zB an der erforderlichen Zahl von Stützunterschriften, greift kein Schutz mangels gültigen Wahlvorschlags. Der Sonderkündigungsschutz dauert bis zur Bekanntgabe des Wahlergebnisses an. Wird der Wahlbewerber in das Gremium gewählt, genießt er anschließend den Sonderkündigungsschutz als Betriebsratsmitglied. Wird er nicht in den Betriebsrat gewählt, steht er noch sechs Monate nach Bekanntgabe des Wahlergebnisses unter nachwirkendem Sonderkündigungsschutz nach § 15 Abs. 3 S. 2 KSchG.

148   Gem. § 15 Abs. 3a KSchG sind außerdem Arbeitnehmer, die zu einer Betriebs-, Wahl- oder Bordversammlung einladen oder die Bestellung eines Wahlvorstandes beantragen, besonders geschützt (sog. **Wahlinitia-**

toren). Dieser Sonderkündigungsschutz wurde nach Inkrafttreten des Betriebsrätemodernisierungsgesetzes nun noch erweitert und gilt nach § 15 Abs. 3b KSchG auch für Arbeitnehmer, die Vorbereitungshandlungen zur Errichtung eines Betriebsrats unternehmen (sog. **Vorfeld-Initiatoren**). Siehe Abbildung S. 38.

Sonderkündigungsschutz nach Personengruppen

	Vorfeld-Initiatoren	Wahlinitiatoren	Wahlvorstand/Wahlbewerber	Betriebsrat/Jugend- und Auszubildendenvertretung
Beginn	Abgabe einer öffentlich beglaubigten Erklärung	Einladung zur Betriebsversammlung/Antragstellung	Bestellung bzw. Aufstellung Wahlvorschlag	Beginn Amtszeit/Bekanntgabe Wahlergebnis
Ende	Zeitpunkt der Einladung zu einer Betriebs-, Wahl- oder Bordversammlung (längstens 3 Monate)	Bekanntgabe Wahlergebnis	Bekanntgabe Wahlergebnis	Ablauf Amtszeit/Auflösung Betriebsrat/Ausscheiden
Kündigung während Schutzfrist	Nur ordentliche betriebsbedingte oder außerordentliche Kündigung; kein Zustimmungserfordernis	Nur die ersten 6; nur außerordentliche Kündigung; kein Zustimmungserfordernis (Ausnahme: Stilllegung von Betrieb oder Abteilung, dann ordentliche Kündigung ohne Zustimmung möglich)	Nur außerordentliche Kündigung oder mit Zustimmung/Ersetzung durch Gericht (Ausnahme: Stilllegung von Betrieb oder Abteilung, dann ordentliche Kündigung ohne Zustimmung möglich)	Nur außerordentliche Kündigung und mit Zustimmung/Ersetzung durch Gericht (Ausnahme: Stilllegung von Betrieb oder Abteilung, dann ordentliche Kündigung ohne Zustimmung möglich)
Nachwirkung	(-)	(-)	6 Monate nach Bekanntgabe Wahlergebnis	1 Jahr nach Beendigung Amtszeit (6 Monate bei Bordvertretung)
Kündigung während Nachwirkung	Wie bei „normalen" Arbeitnehmern	Wie bei „normalen" Arbeitnehmern	Nur außerordentliche Kündigung kein Zustimmungserfordernis (oder ordentliche Kündigung bei Stilllegung von Betrieb oder Abteilung)	Nur außerordentliche Kündigung (oder ordentliche Zustimmungserfordernis che bei Stilllegung von Betrieb oder Abteilung)

B. Die gesetzlichen Neuregelungen zu der Ausweitung der Mitwirkungs- und Mitbestimmungsrechte des Betriebsrats

I. Einsatz von Künstlicher Intelligenz (KI) im Betrieb

1. Neuregelung

§ 80 BetrVG Allgemeine Aufgaben

(1) Der Betriebsrat hat folgende allgemeine Aufgaben: **149**

1. *darüber zu wachen, dass die zugunsten der Arbeitnehmer geltenden Gesetze, Verordnungen, Unfallverhütungsvorschriften, Tarifverträge und Betriebsvereinbarungen durchgeführt werden;*
2. *Maßnahmen, die dem Betrieb und der Belegschaft dienen, beim Arbeitgeber zu beantragen;*
2a. *die Durchsetzung der tatsächlichen Gleichstellung von Frauen und Männern, insbesondere bei der Einstellung, Beschäftigung, Aus-, Fort- und Weiterbildung und dem beruflichen Aufstieg, zu fördern;*
2b. *die Vereinbarkeit von Familie und Erwerbstätigkeit zu fördern;*
3. *Anregungen von Arbeitnehmern und der Jugend- und Auszubildendenvertretung entgegenzunehmen und, falls sie berechtigt erscheinen, durch Verhandlungen mit dem Arbeitgeber auf eine Erledigung hinzuwirken; er hat die betreffenden Arbeitnehmer über den Stand und das Ergebnis der Verhandlungen zu unterrichten;*
4. *die Eingliederung schwerbehinderter Menschen einschließlich der Förderung des Abschlusses von Inklusionsvereinbarungen nach § 166 des Neunten Buches Sozialgesetzbuch und sonstiger besonders schutzbedürftiger Personen zu fördern;*
5. *die Wahl einer Jugend- und Auszubildendenvertretung vorzubereiten und durchzuführen und mit dieser zur Förderung der Belange der in § 60 Abs. 1 genannten Arbeitnehmer eng zusammenzuarbeiten; er kann von der Jugend- und Auszubildendenvertretung Vorschläge und Stellungnahmen anfordern;*
6. *die Beschäftigung älterer Arbeitnehmer im Betrieb zu fördern;*
7. *die Integration ausländischer Arbeitnehmer im Betrieb und das Verständnis zwischen ihnen und den deutschen Arbeitnehmern zu fördern sowie Maßnahmen zur Bekämpfung von Rassismus und Fremdenfeindlichkeit im Betrieb zu beantragen;*
8. *die Beschäftigung im Betrieb zu fördern und zu sichern;*
9. *Maßnahmen des Arbeitsschutzes und des betrieblichen Umweltschutzes zu fördern.*

(2) Zur Durchführung seiner Aufgaben nach diesem Gesetz ist der Betriebsrat rechtzeitig und umfassend vom Arbeitgeber zu unterrichten; die Unterrichtung erstreckt sich auch auf die Beschäftigung von Personen, die nicht in einem Arbeitsverhältnis zum Arbeitgeber stehen, und umfasst insbesondere den zeitlichen Umfang des Einsatzes, den Einsatzort und die Arbeitsaufgaben dieser Personen. Dem Betriebsrat sind auf Verlangen jederzeit die zur Durchführung seiner Aufgaben

erforderlichen Unterlagen zur Verfügung zu stellen; in diesem Rahmen ist der Betriebsausschuss oder ein nach § 28 gebildeter Ausschuss berechtigt, in die Listen über die Bruttolöhne und -gehälter Einblick zu nehmen. Zu den erforderlichen Unterlagen gehören auch die Verträge, die der Beschäftigung der in S. 1 genannten Personen zugrunde liegen. Soweit es zur ordnungsgemäßen Erfüllung der Aufgaben des Betriebsrats erforderlich ist, hat der Arbeitgeber ihm sachkundige Arbeitnehmer als Auskunftspersonen zur Verfügung zu stellen; er hat hierbei die Vorschläge des Betriebsrats zu berücksichtigen, soweit betriebliche Notwendigkeiten nicht entgegenstehen.

(3) Der Betriebsrat kann bei der Durchführung seiner Aufgaben nach näherer Vereinbarung mit dem Arbeitgeber Sachverständige hinzuziehen, soweit dies zur ordnungsgemäßen Erfüllung seiner Aufgaben erforderlich ist. **Muss der Betriebsrat zur Durchführung seiner Aufgaben die Einführung oder Anwendung von Künstlicher Intelligenz beurteilen, gilt insoweit die Hinzuziehung eines Sachverständigen als erforderlich. Gleiches gilt, wenn sich Arbeitgeber und Betriebsrat auf einen ständigen Sachverständigen in Angelegenheiten nach Satz 2 einigen.**

(4) Für die Geheimhaltungspflicht der Auskunftsperson und der Sachverständigen gilt § 79 entsprechend.

§ 90 BetrVG Unterrichtungs- und Beratungsrechte

150   *(1) Der Arbeitgeber hat den Betriebsrat über die Planung*

1. von Neu-, Um- und Erweiterungsbauten von Fabrikations-, Verwaltungs- und sonstigen betrieblichen Räumen,

2. von technischen Anlagen,

3. von Arbeitsverfahren und Arbeitsabläufen einschließlich des Einsatzes von Künstlicher Intelligenz oder

4. der Arbeitsplätze

rechtzeitig unter Vorlage der erforderlichen Unterlagen zu unterrichten.

(2) Der Arbeitgeber hat mit dem Betriebsrat die vorgesehenen Maßnahmen und ihre Auswirkungen auf die Arbeitnehmer, insbesondere auf die Art ihrer Arbeit sowie die sich daraus ergebenden Anforderungen an die Arbeitnehmer so rechtzeitig zu beraten, dass Vorschläge und Bedenken des Betriebsrats bei der Planung berücksichtigt werden können. Arbeitgeber und Betriebsrat sollen dabei auch die gesicherten arbeitswissenschaftlichen Erkenntnisse über die menschengerechte Gestaltung der Arbeit berücksichtigen.

§ 95 BetrVG Auswahlrichtlinien

151   *(1) Richtlinien über die personelle Auswahl bei Einstellungen, Versetzungen, Umgruppierungen und Kündigungen bedürfen der Zustimmung des Betriebsrats. Kommt eine Einigung über die Richtlinien oder ihren Inhalt nicht zustande, so entscheidet auf Antrag des Arbeitgebers die Einigungsstelle. Der Spruch der Einigungsstelle ersetzt die Einigung zwischen Arbeitgeber und Betriebsrat.*

(2) In Betrieben mit mehr als 500 Arbeitnehmern kann der Betriebsrat die Aufstellung von Richtlinien über die bei Maßnahmen des Abs. 1 S. 1 zu beachtenden fachlichen und persönlichen Voraussetzungen und sozialen Gesichtspunkte verlangen. Kommt eine Einigung über die Richtlinien oder ihren Inhalt

nicht zustande, so entscheidet die Einigungsstelle. Der Spruch der Einigungsstelle ersetzt die Einigung zwischen Arbeitgeber und Betriebsrat.

(2a) Die Absätze 1 und 2 finden auch dann Anwendung, wenn bei der Aufstellung der Richtlinien nach diesen Absätzen Künstliche Intelligenz zum Einsatz kommt.

(3) Versetzung im Sinne dieses Gesetzes ist die Zuweisung eines anderen Arbeitsbereichs, die voraussichtlich die Dauer von einem Monat überschreitet, oder die mit einer erheblichen Änderung der Umstände verbunden ist, unter denen die Arbeit zu leisten ist. Werden Arbeitnehmer nach der Eigenart ihres Arbeitsverhältnisses üblicherweise nicht ständig an einem bestimmten Arbeitsplatz beschäftigt, so gilt die Bestimmung des jeweiligen Arbeitsplatzes nicht als Versetzung.

2. Hintergrund der Neuregelung. Die Arbeitswelt wird in zuneh- **152** mendem Maße durch den **Einsatz von KI** geprägt. KI-gesteuerte Systeme können rein softwarebasiert sein, in der virtuellen Welt agieren oder in Hardwaregeräte eingebettet sein. Mit Blick auf den zunehmenden Einsatz von KI in der Arbeitswelt, soll die Möglichkeit für Betriebsräte verbessert werden, **externen Sachverstand** in diesem Bereich hinzuzuziehen. In diesem Zusammenhang sollen auch die bestehenden Rechte der Betriebsräte gesichert und Rechtsklarheit für die Betriebspartner geschaffen werden. Dabei wirkt sich die mit der Digitalisierung einhergehende zunehmende Komplexität der Arbeitswelt auch auf die Arbeit der Betriebsräte aus. Diese müssen in der Lage sein, komplexe und informationstechnische Zusammenhänge zu verstehen, zu bewerten, mitzugestalten und dabei gleichzeitig die Belange der Mitarbeiter zu berücksichtigen. Dabei gibt ihnen das Betriebsverfassungsgesetz die Möglichkeit, auf sachverständige Arbeitnehmer im Betrieb zurückzugreifen. Soweit dies nicht ausreicht und es zur ordnungsgemäßen Erfüllung ihrer Aufgaben erforderlich ist, können Betriebsräte **nach näherer Vereinbarung mit dem Arbeitgeber auch Sachverständige** hinzuziehen. Der Gesetzgeber ist zu dem Entschluss gekommen, dass bei Fragen des Einsatzes von KI ein nicht von der Hand zuweisender Bedarf an Unterstützung bei den Betriebsräten besteht. Nach der Gesetzesnovelle sollen daher Diskussionen über die Erforderlichkeit eines Sachverständigen entfallen. Der zunehmende Einsatz von KI erfordert es, dem Betriebsrat einen vereinfachten Zugriff auf besonderen Sachverstand in den entsprechenden Fragen zu verschaffen, damit er seine Aufgaben insofern wahrnehmen kann.

Ein Bereich, in dem bereits heute verstärkt KI zum Einsatz kommt, ist **153** die **Personalauswahl.** Hierbei wird auf sogenannte Algorithmic-Decision-Making-Systeme (ADM-Systeme) zurückgegriffen. Der Betriebsrat ist dabei im Rahmen seiner bestehenden gesetzlichen Rechte zu beteiligen, so dass die bei der Personalauswahl zu berücksichtigenden Belange, wie etwa die Gleichstellung von Frauen und Männern, gewahrt bleiben. Die neuen rechtlichen Regelungen stellen sicher, dass die Rechte des Betriebsrats auch dann gelten, wenn KI selbst eine Auswahlrichtlinie für die Personalauswahl entwickelt.

154   **3. Relevanz bei der Betriebsratsarbeit. a) § 80 Abs. 3 BetrVG.**
Wenn der Betriebsrat zur Durchführung der ihm gesetzlich zugewiesenen
Aufgaben die Einführung und Anwendung von KI beurteilen muss,
entfällt nunmehr gem. § 80 Abs. 3 S. 2 BetrVG in diesen Angelegenheiten die Prüfung der Erforderlichkeit für die Hinzuziehung eines Sachverständigen. Dies gilt jedoch nur, soweit es um die Einführung und
Anwendung von KI geht.

Praxistipp:

155   Arbeitgeber und Betriebsrat haben über die Hinzuziehung des Sachverständigen weiter die nach § 80 Abs. 3 S. 1 BetrVG **vorgeschriebe-
ne Vereinbarung** zu treffen. Diese muss Angaben zur Person des
Sachverständigen, zu den Kosten und dem Gutachtensthema enthalten.

156   Eine Herausforderung der Neuregelung besteht darin, den Begriff von
„Einführung oder Anwendung von künstlicher Intelligenz" richtig zu
definieren. Bereits der Begriff der Künstlichen Intelligenz ist schwer
definierbar. Die Gesetzesbegründung enthält lediglich die Feststellung,
dass KI softwarebasiert und auch in Hardwaregeräte eingebettet auftreten
kann. Der Begriff der Künstlichen Intelligenz wird auch in anderen
Gesetzen nicht weiter definiert. Die alltägliche technische Definition von
KI ist sehr weit gefasst, als ein Teilgebiet der Informatik, das sich mit der
Automatisierung intelligenten Verhaltens und dem maschinellen Lernen
befasst. Hiermit dürften zahlreiche betrieblich genutzte Verfahren und
Anwendungen den neuen Regelungen unterfallen. Denkbar ist, dass
hierunter Algorithmen und vergleichbar lernende Systeme fallen, die bei
der Personalauswahl eingesetzt werden können.

157   Die Neuregelung des § 80 Abs. 3 S. 3 BetrVG gibt den Betriebspart-
nern außerdem die Möglichkeit, eine Vereinbarung zu treffen, nach der
der Betriebsrat **jederzeit auf einen ständigen Sachverständigen** zugreifen kann. Dies gilt jedenfalls, wenn der Betriebsrat zur Durchführung
seiner Aufgaben die Einführung oder Anwendung von KI beurteilen
muss. Hierdurch soll der Betriebsrat das für die Einführung und Anwendung von KI erforderliche Wissen erlangen, ohne dass die Erforderlichkeit der Hinzuziehung eines Sachverständigen zu prüfen ist. Dadurch
wird er in die Lage versetzt, beim Einsatz von KI schnell und effizient
reagieren zu können. Gleichzeitig wird eine für den Arbeitgeber wichtige
und zeitnahe Entscheidung gefördert.

Praxistipp:

158   Die Vereinbarung zwischen dem Betriebsrat und dem Arbeitgeber
muss **zeitlich vor der Hinzuziehung eines Sachverständigen**
erfolgen. Sofern eine solche Vereinbarung nicht zustande kommt,
bleibt dem Betriebsrat nur der Weg, diese Frage im arbeitsgericht-
lichen Beschlussverfahren zu klären. Dies sollte nicht zuletzt deswegen
vermieden und auf eine einvernehmliche Vereinbarung hingewirkt
werden, weil ein solches Verfahren langwierig und kostspielig ist.

Nach der aktuellen gesetzlichen Neuregelung hat der Arbeitgeber **159** keinerlei Verteidigungsmöglichkeit mehr, wenn der Betriebsrat gerichtlich den Antrag auf Zustimmung der Beiziehung eines Sachverständigen stellt. Er könnte allenfalls noch einwenden, die in Rede stehende Technik sei keine KI. Umso wichtiger ist die konkrete Definition von KI, damit die Betriebspartner eine Vorstellung davon haben, welche Vorgänge unter das Mitbestimmungsrecht fallen. An dieser Stelle sind Streitigkeiten vorprogrammiert, die die Arbeitsgerichte zukünftig noch beschäftigen werden. Da die Erforderlichkeit im Fall einer KI gesetzlich unterstellt wird, ist der Betriebsrat auch nicht zunächst auf innerbetriebliche Sachverständige verwiesen. Er kann – die ordnungsgemäße Beschlussfassung und notfalls einklagbare Zustimmung des Arbeitgebers vorausgesetzt – sogleich einen externen Sachverständigen beauftragen, was weitere Kosten verursacht.

Um dauerhaft auch kurzfristig auf einen Sachverständigen beim Einsatz **160** von KI zugreifen zu können, soll dieser dem Betriebsrat nach näherer Vereinbarung der Betriebspartner auch **permanent unmittelbar** zur Verfügung stehen können. Der Gesetzgeber hat anerkannt, dass eine **frühzeitige Einbindung der Arbeitnehmervertretung** für die Akzeptanz von KI im Betrieb entscheidend ist. Die Gesetzesnovelle erweitert die Mitbestimmung bereits auf den Zeitraum der Planung des Einsatzes von KI. Das betrifft ausdrücklich auch die Vertretungen von Menschen mit Behinderungen, deren Belange von Anfang an mitgedacht werden müssen. Der Arbeitgeber hatte bei der Planung von Arbeitsverfahren und Arbeitsabläufen bereits vor Inkrafttreten des Betriebsrätemodernisierungsgesetzes den Betriebsrat darüber zu unterrichten und diese mit ihm zu beraten. Es wird nun jedoch klargestellt, dass dies auch den geplanten Einsatz von KI umfasst.

Praxistipp:
Die gesetzliche Neuregelung sollte nicht dazu führen, dass sich **161** Betriebsräte zukünftig schnell und unüberlegt auf externe IT-Sachverständige verlassen. Vor allem die Corona-Pandemie hat gezeigt, dass Arbeitgeber und Betriebsräte zusammen kreative und zeitnahe Lösungen finden können.

b) § 90 Abs. 1 BetrVG. KI kann Arbeitsverfahren und Arbeitsabläufe **162** und damit im Ergebnis die Arbeitnehmer erheblich beeinflussen. Die Ergänzung in § 90 Abs. 1 Nr. 3 BetrVG stellt deshalb klar, dass die Pflichten des Arbeitgebers und die Rechte des Betriebsrats aus § 90 Abs. 1 Nr. 3 BetrVG auch dann gelten, wenn der Arbeitgeber in diesem Zusammenhang plant, KI in seinem Betrieb einzusetzen.

Dies löst eine Unterrichtungspflicht des Arbeitgebers und ein Bera- **163** tungsrecht des Betriebsrats aus.

c) § 95 BetrVG. § 95 BetrVG ermöglicht es dem Betriebsrat, bei **164** **Auswahlrichtlinien** für Einstellungen, Versetzungen, Umgruppierungen und Kündigungen mitzuentscheiden. § 95 Abs. 2a BetrVG stellt klar, dass die Rechte des Betriebsrats bei der Aufstellung von Auswahlrichtlinien nach § 95 Abs. 1, Abs. 2 BetrVG gleichermaßen gelten, wenn **KI** zum Einsatz kommt. Davon umfasst ist auch der Fall, dass eine KI-Anwendung eigenständig oder innerhalb eines von einem Dritten vorgegebenen Rahmens Auswahlrichtlinien aufstellt.

165 Die Beteiligung von Betriebsräten bei der Aufstellung von Auswahlrichtlinien, bei denen KI zum Einsatz kommt, galt gem. § 87 Abs. 1 Nr. 6 BetrVG sowie gem. § 95 Abs. 1 BetrVG auch bereits vor der Gesetzesreform. Die Neuregelung des § 95 Abs. 2a BetrVG hat daher keinen brisanten Anwendungsbereich und wäre nicht nötig gewesen. Sie schärft aber noch einmal den Blick dafür, dass sich die Betriebsparteien eingehend mit den Selbstlernmechanismen solcher KI-Mittel auseinandersetzen müssen.

166 Wird zB eine Auswahlrichtlinie mittels des Einsatzes von KI, also automatisch durch ein System erstellt, das selbstlernend zB bestimmte Bewerber aussortiert, würde auch diese selbstgenerierte Richtlinie dem Mitbestimmungsrecht des § 95 Abs. 2a BetrVG unterfallen. In diesem Fall ist ein weiteres Problem der **Begriff der „Aufstellung"**. Es stellt sich die Frage, ob neben der erstmaligen Einrichtung der KI-Anwendung auch die weiteren (lernenden) Aktualisierungen der Zustimmung des Betriebsrats bedürfen. Konsequenterweise müsste diese Frage bejaht werden. Dies stellt die Praxis wiederum vor Schwierigkeiten, denn es ist nicht ersichtlich, wie der Arbeitgeber über eine laufende Kontrolle eines Auswahl-Algorithmus unterrichten und der Betriebsrat diese nachhalten soll. Die laufende Aktualisierung wäre genau genommen „in Echtzeit" zustimmungspflichtig.

Praxistipp:

167 Es ist zu empfehlen, dass sich die Betriebsparteien bei Einführung der KI-Anwendung über solche Fragen einig werden und sie schriftlich in einer **Betriebsvereinbarung** fixieren.

II. Berufsbildung

1. Neuregelung

§ 96 BetrVG Förderung der Berufsbildung

168 *(1) Arbeitgeber und Betriebsrat haben im Rahmen der betrieblichen Personalplanung und in Zusammenarbeit mit den für die Berufsbildung und den für die Förderung der Berufsbildung zuständigen Stellen die Berufsbildung der Arbeitnehmer zu fördern. Der Arbeitgeber hat auf Verlangen des Betriebsrats den Berufsbildungsbedarf zu ermitteln und mit ihm Fragen der Berufsbildung der Arbeitnehmer des Betriebs zu beraten. Hierzu kann der Betriebsrat Vorschläge machen.*

(1a) Kommt im Rahmen der Beratung nach Absatz 1 eine Einigung über Maßnahmen der Berufsbildung nicht zustande, können der Arbeitgeber oder der Betriebsrat die Einigungsstelle um Vermittlung anrufen. Die Einigungsstelle hat eine Einigung der Parteien zu versuchen.

(2) Arbeitgeber und Betriebsrat haben darauf zu achten, dass unter Berücksichtigung der betrieblichen Notwendigkeiten den Arbeitnehmern die Teilnahme an betrieblichen oder außerbetrieblichen Maßnahmen der Berufsbildung ermöglicht wird. Sie haben dabei auch die Belange älterer Arbeitnehmer, Teilzeitbeschäftigter und von Arbeitnehmern mit Familienpflichten zu berücksichtigen.

2. Hintergrund der gesetzlichen Regelung. Die **Qualifizierung** 169
der Arbeitnehmer ist gerade im Zeitalter der Digitalisierung unerlässlich, um im Betrieb benötigte Kompetenzen aufzubauen und zu erhalten und auf diese Weise dem Fachkräftemangel vorzubeugen. Den Betriebsräten kommt diesbezüglich eine besondere Stellung zu. Sie kennen die betrieblichen Notwendigkeiten, die Bedürfnisse und Potenziale der Beschäftigten vor Ort und sollen vor dem Hintergrund der Digitalisierung besser in die Lage versetzt werden, mit dem Arbeitgeber Vereinbarungen über konkrete **Maßnahmen der Berufsbildung** zu treffen. Die Qualifizierung von Arbeitnehmern ist wichtig, um den Herausforderungen des digitalen, ökologischen und demographischen Wandels zu begegnen und die Fachkräftesicherung zu unterstützen. Gerade die Digitalisierung beschleunigt Veränderungen in der Arbeitswelt und führt zu einem verstärkten Bedarf von qualifizierten Arbeitnehmern. Dies hat der Gesetzgeber bei der Gesetzesnovellierung im Blick gehabt. Zwar verfügten Betriebsräte auch vorher im Bereich der Förderung der Berufsbildung über ausdifferenzierte Rechte. Aber nunmehr soll sich der Betriebsrat auch mit eigenen Ideen und eigenen Vorschlägen zu Fragen der Berufsbildung in die innerbetriebliche Diskussion einbringen können. Ziel der gesetzlichen Neuregelung ist es, dass sich die Betriebsparteien auf konkrete Maßnahmen der Berufsbildung einigen. Zur Unterstützung des damit verbundenen Diskussionsprozesses können sie auch die Einigungsstelle um Vermittlung anrufen. Ein Zwang zur Einigung besteht aber nicht. Mit der Neuregelung wird auch eine Vereinbarung aus der nationalen Weiterbildungsstrategie umgesetzt.

3. Relevanz bei der Betriebsratsarbeit. Nach § 96 Abs. 1 BetrVG 170
muss der Arbeitgeber mit dem Betriebsrat **Fragen der Berufsbildung** der Arbeitnehmer des Betriebs **beraten.** Hierzu kann der Betriebsrat gem. § 96 Abs. 1 S. 3 BetrVG Vorschläge unterbreiten. Der Begriff der Berufsbildung iSd § 96 BetrVG wird weit ausgelegt und umfasst **alle Maßnahmen der Berufsbildung iSd Berufsbildungsgesetzes (BBiG),** dh der Berufsausbildung, der Berufsfortbildung und der beruflichen Umschulung (vgl. § 1 Abs. 1 BBiG). Bereits vor der gesetzlichen Novellierung hatten die Betriebspartner über Fragen der Berufsbildung zu beraten, allerdings ohne die Möglichkeit des Betriebsrats, seine Vorstellungen umzusetzen.

171 Werden sich die Betriebspartner im Rahmen der Beratung nach Abs. 1 über Maßnahmen der Berufsbildung nicht einig, so können sie nach der gesetzlichen Neuregelung des § 96 Abs. 1a BetrVG die **Einigungsstelle anrufen.** Diese übernimmt dann eine motivierende Funktion zwischen den Parteien und versucht, auf eine Einigung hinzuwirken. Es besteht jedoch **kein Einigungszwang.** Damit ähnelt das Verfahren dem aus § 112 Abs. 1, 2 BetrVG beim Interessenausgleich, der auch versucht und gegebenenfalls folgenlos scheitern kann. Dies bringt im Ergebnis keinen wirklichen Fortschritt, denn es bleibt ein Großteil der Entscheidungsbefugnis beim Arbeitgeber. Die Einigungsstelle hat keine endgültige Entscheidungsbefugnis. Der Spruch der Einigungsstelle ersetzt die Einigung zwischen Arbeitgeber und Betriebsrat nur, wenn beide Seiten sich dem Spruch im Voraus unterworfen oder ihn nachträglich angenommen haben (§ 76 Abs. 6 S. 2 BetrVG). Gerade wenn der Arbeitgeber der Meinung ist, vom Betriebsrat vorgeschlagene Maßnahmen seien zu kostspielig, kann er den Vorschlag ohne Weiteres zurückweisen. Andererseits könnte für den Arbeitgeber der Anreiz, sich einig zu werden, darin bestehen, einer Einigungsstelle zu entgehen, die ebenfalls mit Kosten verbunden ist.

III. Ausgestaltung der mobilen Arbeit

1. Neuregelung

§ 87 BetrVG Mitbestimmungsrechte

172 *(1) Der Betriebsrat hat, soweit eine gesetzliche oder tarifliche Regelung nicht besteht, in folgenden Angelegenheiten mitzubestimmen:*

1. *Fragen der Ordnung des Betriebs und des Verhaltens der Arbeitnehmer im Betrieb;*
2. *Beginn und Ende der täglichen Arbeitszeit einschließlich der Pausen sowie Verteilung der Arbeitszeit auf die einzelnen Wochentage;*
3. *vorübergehende Verkürzung oder Verlängerung der betriebsüblichen Arbeitszeit;*
4. *Zeit, Ort und Art der Auszahlung der Arbeitsentgelte;*
5. *Aufstellung allgemeiner Urlaubsgrundsätze und des Urlaubsplans sowie die Festsetzung der zeitlichen Lage des Urlaubs für einzelne Arbeitnehmer, wenn zwischen dem Arbeitgeber und den beteiligten Arbeitnehmern kein Einverständnis erzielt wird;*
6. *Einführung und Anwendung von technischen Einrichtungen, die dazu bestimmt sind, das Verhalten oder die Leistung der Arbeitnehmer zu überwachen;*
7. *Regelungen über die Verhütung von Arbeitsunfällen und Berufskrankheiten sowie über den Gesundheitsschutz im Rahmen der gesetzlichen Vorschriften oder der Unfallverhütungsvorschriften;*
8. *Form, Ausgestaltung und Verwaltung von Sozialeinrichtungen, deren Wirkungsbereich auf den Betrieb, das Unternehmen oder den Konzern beschränkt ist;*

9. *Zuweisung und Kündigung von Wohnräumen, die den Arbeitnehmern mit Rücksicht auf das Bestehen eines Arbeitsverhältnisses vermietet werden, sowie die allgemeine Festlegung der Nutzungsbedingungen;*

10. *Fragen der betrieblichen Lohngestaltung, insbesondere die Aufstellung von Entlohnungsgrundsätzen und die Einführung und Anwendung von neuen Entlohnungsmethoden sowie deren Änderung;*

11. *Festsetzung der Akkord- und Prämiensätze und vergleichbarer leistungsbezogener Entgelte, einschließlich der Geldfaktoren;*

12. *Grundsätze über das betriebliche Vorschlagswesen;*

13. *Grundsätze über die Durchführung von Gruppenarbeit; Gruppenarbeit im Sinne dieser Vorschrift liegt vor, wenn im Rahmen des betrieblichen Arbeitsablaufs eine Gruppe von Arbeitnehmern eine ihr übertragene Gesamtaufgabe im Wesentlichen eigenverantwortlich erledigt;*

14. *Ausgestaltung von mobiler Arbeit, die mittels Informations- und Kommunikationstechnik erbracht wird.*

(2) Kommt eine Einigung über eine Angelegenheit nach Absatz 1 nicht zustande, so entscheidet die Einigungsstelle. Der Spruch der Einigungsstelle ersetzt die Einigung zwischen Arbeitgeber und Betriebsrat.

2. Hintergrund der gesetzlichen Neuregelung. Die Möglichkei- **173** ten, mobil zu arbeiten, haben von dem Digitalisierungsschub durch die Corona-Pandemie enorm profitiert. Vereinbarungen hierzu auf betrieblicher Ebene sind nahezu unumgänglich geworden und im Interesse der Arbeitnehmer wie auch der Arbeitgeber, weil diese einheitlich verbindliche und auf den Betrieb zugeschnittene Regeln schaffen und dazu beitragen, die damit verbundenen Gefahren zu reduzieren. Hierzu gehört zB die Entgrenzung von Arbeits- und Privatleben.

Betriebsräte erhalten bei der Ausgestaltung von mobiler Arbeit ein **174** Mitbestimmungsrecht, um den betroffenen Arbeitnehmern einen einheitlichen Rechtsrahmen zu bieten und so die Vor- und Nachteile unter Berücksichtigung der Belange des jeweiligen Betriebs in ein ausgewogenes Verhältnis zu bringen.

3. Relevanz bei der Betriebsratsarbeit. Zu keiner Zeit stand das **175** Thema „Mobiles Arbeiten/Homeoffice" derart im Mittelpunkt wie momentan. Die Arbeit von zu Hause bringt viele Vorteile, darunter die bessere Vereinbarkeit von Familie und Beruf, höhere Flexibilität für Beschäftigte, ruhigere Arbeitsatmosphäre und den Wegfall von Pendelzeiten. Allerdings sind mit der Nutzung von Homeoffice durchaus auch Nachteile verbunden. Arbeits- und Privatleben scheinen zu verschwimmen und sind nicht mehr klar abgrenzbar. Es könnten erhebliche Datenschutzbedenken entstehen und die Führung von Mitarbeitern sowie das kollegiale Miteinander könnten in Mitleidenschaft gezogen werden. Ob die Vor- oder die Nachteile überwiegen, hängt wohl sehr stark vom Einzelfall und vom Blickwinkel ab. Der Aufschwung durch die Corona-Pandemie in Richtung „Modernes Arbeiten", Digitalisierung und eben auch Homeoffice wird jedoch nicht mehr aufzuhalten sein und wird zukünftig auch die Betriebsratsarbeit stark prägen.

176   „Mobiles Arbeiten" hat mehrere Facetten. Die relevanteste ist sicherlich das Arbeiten von zu Hause, **Homeoffice.** Grundsätzlich bedeutet es aber nicht nur das. **Mobiles Arbeiten** heißt auch Arbeiten im Zug, am Flughafen oder einfach woanders als in der Betriebsstätte. Auch Homeoffice hat mehrere Facetten und Regelungskomplexe. Es kann das gelegentliche Arbeiten von zu Hause oder das regelmäßige und fest vorgesehene Arbeiten von zu Hause, sog. **Telearbeit,** sein. All diese Modalitäten unterscheiden sich vor allem darin, was Betriebsrat und Arbeitgeber im Rahmen einer Betriebsvereinbarung beachten und vereinbaren sollten.

177   **a) Rechtlicher Status Quo: Kein Anspruch auf Homeoffice.** Nach wie vor – und auch nach Inkrafttreten des Betriebsrätemodernisierungsgesetzes – besteht kein Anspruch auf Homeoffice. Die Grundlage des Arbeitsvertrages ist in § 611a BGB geregelt, der wiederum auf das in § 106 GewO normierte Weisungsrecht des Arbeitgebers verweist. § 106 GewO räumt dem Arbeitgeber das Recht ein, Inhalt, Zeit und eben auch den Ort der Arbeitsleistung näher zu bestimmen. Von diesem Recht kann der Arbeitgeber Gebrauch machen, er muss es aber nicht. Ein **Anspruch des Arbeitnehmers,** den Arbeitsort selbst zu bestimmen, **besteht nicht.**

178   Bereits Ende April 2020 kündigte das BMAS an, einen Anspruch auf Homeoffice etablieren zu wollen. Es legte im Oktober 2020 hierzu einen Gesetzesentwurf vor. Dieser legte einen Anspruch auf mobile Arbeit bis zu 24 Tage (bei einer 5-Tage-Woche) im Jahr fest, wenn das Arbeitsverhältnis länger als sechs Monate besteht, die Tätigkeit grundsätzlich für mobile Arbeit geeignet ist und keine betrieblichen Gründen entgegenstehen. Die Durchsetzung scheiterte am „Veto" des Koalitionspartners. Der Koalitionsvertrag 2018 sieht zwar vor, mobile Arbeit zu fördern, ein Rechtsanspruch auf die Arbeit im Homeoffice oder auf mobile Arbeit war jedoch nicht enthalten.

179   Die während der Pandemie beschlossene und bis zum 30.6.2021 geltende SARS-CoV-2-Arbeitsschutzverordnung (Corona-ArbSchV) sah in § 2 Abs. 4 vor, dass der Arbeitgeber seinen Beschäftigten im Falle von Büroarbeit oder vergleichbaren Tätigkeiten anbieten muss, diese Tätigkeiten in deren Wohnungen auszuführen, wenn keine zwingenden betriebsbedingten Gründe entgegenstehen. Es folgte das 4. Bevölkerungsschutzgesetz vom 22.4.2021 – auch Bundesnotbremse genannt – das am 23.4.2021 in Kraft trat. § 28b Abs. 7 Infektionsschutzgesetz regelt, dass der Arbeitgeber den Beschäftigten im Falle von Büroarbeit oder vergleichbaren Tätigkeiten anbieten muss, diese Tätigkeiten von Zuhause aus auszuführen, wenn keine zwingenden betriebsbedingten Gründe entgegenstehen. Hinzu kommt, dass die Norm vorsieht, dass die Beschäftigten dieses Angebot annehmen müssen, soweit ihrerseits keine Gründe entgegenstehen. Derartige entgegenstehende Gründe können zB räumliche Enge, Störung durch Dritte oder unzureichende technische Ausstattung sein. Den Arbeitnehmern steht – anders als sonst im Arbeitsschutzrecht – diesbezüglich kein subjektives Klagerecht zu. Vielmehr ist es Aufgabe der Arbeitsschutzbehörden, die Einhaltung der rechtlichen Vorgaben der Verordnung zu kontrollieren und auch zu sanktionieren.

Vorübergehend bestand somit rechtlich – jedenfalls befristet bis 180 30.6.2021 – ein Recht auf Homeoffice.

b) Inhalt der Neuregelung des § 87 Abs. 1 Nr. 14 BetrVG. Mit 181 der Neuregelung des § 87 Abs. 1 Nr. 14 BetrVG hat der Gesetzgeber ein eigenes Mitbestimmungsrecht bezogen auf die **Ausgestaltung (das „Wie")** von mobiler Arbeit geschaffen. Die Entscheidung über die Einführung der mobilen Arbeit (das „Ob") verbleibt weiterhin beim Arbeitgeber. Ein **Rechtsanspruch auf Homeoffice/mobile Arbeit ergibt sich** somit hieraus eindeutig **nicht.**

Ein Arbeitnehmer arbeitet mobil, wenn er die geschuldete Arbeitsleis- 182 tung unter Verwendung von **Informations- und Kommunikationstechnik außerhalb der Betriebsstätte** von einem Ort oder von Orten seiner Wahl oder von einem mit dem Arbeitgeber vereinbarten Ort erbringt. Darüber hinaus ist Voraussetzung, dass der Arbeitnehmer auf eigenen Wunsch oder aufgrund einer Vereinbarung mit seinem Arbeitgeber außerhalb des Betriebs tätig wird. Mobile Arbeit liegt daher nicht vor, wenn die geschuldete Arbeitsleistung aufgrund deren Eigenart ortsgebunden erbracht wird. Muss die Arbeitsleistung zB notwendigerweise bei einem Kunden erbracht werden oder geht es um Fahrleistungen im Güter- oder Personenverkehr oder um Arbeiten im Logistik- und Speditionsbereich, so ist das Mitbestimmungsrecht nicht eröffnet (*Bayreuther* NZA 2021, 839). Gleiches gilt für Außendienstmitarbeiter, und zwar auch dann, wenn diese sich dabei der Hilfe elektronischer Gerätschaften oder Informationstechnologien bedienen. Gleichzeitig greift der Mitbestimmungstatbestand bei sämtlichen mobilen Arbeiten im beschriebenen Sinne, unabhängig davon, ob die Beschäftigten ihre Leistungen regelmäßig oder nur anlassbezogen mobil erbringen (BT-Drs. 19/28899, 23).

Das Mitbestimmungsrecht umfasst sowohl regelmäßige als auch anlass- 183 bezogene mobile Arbeit und betrifft die inhaltliche Ausgestaltung. Hierzu gehören zB

– **Regelungen über den zeitlichen Umfang,**
– **über Beginn und Ende der täglichen Arbeitszeit oder**
– **über den Ort, von welchem aus mobil gearbeitet werden kann und darf.**

Es können Regelungen zu konkreten Anwesenheitspflichten in der 184 Betriebsstätte des Arbeitgebers, zur Erreichbarkeit, zum Umgang mit Arbeitsmitteln der mobilen Arbeit und über einzuhaltende Sicherheitsaspekte getroffen werden.

Das Mitbestimmungsrecht bezieht sich zudem auf die Verteilung von 185 Zeitblöcken (mobil und ortsgebunden) auf bestimmte Wochentage, die Lage der mobilen Arbeit an den einzelnen Arbeitstagen oder eine Bestimmung über die Erreichbarkeit des Arbeitnehmers am häuslichen Arbeitsplatz. Sofern in einem Betrieb nur wenige mobile Arbeitsplätze vorhanden sind, so würde es weiterhin der Mitbestimmung des § 87 Nr. 14 BetrVG unterfallen, welche Mitarbeiter unter mehreren Interessenten die Möglichkeit für eine Arbeit im Homeoffice haben.

Praxistipp:

186 Das Mitbestimmungsrecht ist – genau wie die übrigen Mitbestimmungsrechte des § 87 BetrVG – erst dann eröffnet, wenn ein **kollektiver Tatbestand** vorliegt. Der Betriebsrat kann sich also nicht auf sein Mitbestimmungsrecht berufen und eingreifen, wenn ein einzelner Mitarbeiter von Zuhause aus arbeiten möchte und der Arbeitgeber ihm diese Möglichkeit verweigert.

187 Es ermöglicht keine Regelungen zu arbeitsvertraglich geschuldeten Tätigkeiten, die nicht mittels Informations- und Kommunikationstechnik erbracht werden können (zB Fahrer oder Boten). Gleiches gilt, wenn sich die Mobilität bereits zwingend aus der Eigenart der zu erbringenden Arbeitsleistung ergibt (zB Handelsvertreter oder Monteure).

188 Mobile Arbeit meint das Arbeiten außerhalb der Betriebsstätte von einem anderen Ort. Dieser Ort muss grundsätzlich nicht das Zuhause des Arbeitnehmers sein. Der wohl größte Anwendungsbereich der mobilen Arbeit ist aber wohl das **Homeoffice,** das nicht zuletzt durch die Corona-Pandemie einen revolutionären und überfälligen Aufschwung erlangt hat. Die Entwicklungen im Homeoffice lassen sich in progressiv denkenden Unternehmen nicht mehr aufhalten. Betriebsvereinbarungen zu mobiler Arbeit sind aus Sicht eines Arbeitgebers von Vorteil, weil ein klarer Rahmen für die Tätigkeit im Homeoffice geschaffen wird. Sie existieren daher auch bereits seit längerem in zahlreichen Betrieben.

189 Zwar hat das BetrVG den Betriebsräten auch vor Inkrafttreten des Betriebsrätemodernisierungsgesetz umfassende Rechte in Bezug auf die Gestaltung mobiler Arbeit eingeräumt: So greifen zB das Mitbestimmungsrecht des § 87 Abs. 1 Nr. 1 BetrVG (Ordnung des Betriebes), § 87 Abs. 1 Nr. 6 BetrVG bei der Einführung oder Änderung der Nutzung von IT-Mitteln, die theoretisch zur Überwachung geeignet sind. Weiterhin stellen sich Fragen der Arbeitszeit (§ 87 Abs. 1 Nr. 2 BetrVG) und Überstunden (§ 87 Abs. 1 Nr. 3 BetrVG). Überdies sind regelmäßig § 87 Abs. 1 Nr. 7 BetrVG bezüglich der Verhütung von Arbeitsunfällen sowie § 89 BetrVG hinsichtlich des Arbeitsschutzes betroffen. § 90 Abs. 1 Nr. 4 BetrVG greift bei der Planung von Arbeitsplätzen. Bei der Anordnung von Arbeit von zu Hause könnte es sich evtl. auch um eine Versetzung gem. § 99 BetrVG handeln. Insbesondere das Mitbestimmungsrecht des § 87 Abs. 1 Nr. 6 BetrVG greift im Zweifel immer, weil die Nutzung von Homeoffice ohne entsprechende IT-Mittel kaum denkbar ist. Diese Mitbestimmungsrechte betreffen aber nur einen bestimmten Teilbereich, also zB die Einführung und Anwendung von technischen Überwachungseinrichtungen, nicht jedoch die gesamte Ausgestaltung der mobilen Arbeit. Insofern erhält diese Neuregelung eine erhebliche Praxisrelevanz.

190 Das Mitbestimmungsrecht bildet einen **Auffangtatbestand** für alle Regelungen, mit denen mobile Arbeit ausgestaltet werden kann. Die bereits bestehenden Mitbestimmungsrechte gelten unverändert weiter. Dennoch sollte die gesetzliche Neuregelung nicht frühzeitig als wenig

praxisrelevant abgetan werden. Das Mitbestimmungsrecht umfasst den zeitlichen Umfang der mobilen Arbeit und die nähere Ausgestaltung. Sofern es im Vorfeld nicht zu einer Einigung kommt, hat der Betriebsrat Einflussmöglichkeiten, die spätestens in der Einigungsstelle bis in das „Ob" der Einführung mobilen Arbeitens hineinreichen. Auch hier gilt es jedoch, das Gebot der vertrauensvollen Zusammenarbeit und die Interessen der Belegschaft stets im Auge zu behalten. Beispielsweise sollte durch die Möglichkeit, auch den Ort des mobilen Arbeitens mitzubestimmen, nicht die flexible Erbringung der Arbeitsleistung durch die Arbeitnehmer eingeschränkt werden.

Praxistipp:

Die Neuregelungen iVm dem unaufhaltsamen Aufschwung des **191** Homeoffice werden dazu führen, dass zukünftig **vermehrt Betriebsvereinbarungen** zum Thema Homeoffice abgeschlossen werden. Dabei stellt sich weiterhin eine Menge noch nicht vollständig geklärter Fragen. Diese sollten iRd Betriebsvereinbarungen zwischen den Betriebsparteien geklärt werden. Es sollte zB festgelegt werden, in welchem Umfang von zu Hause aus bzw. mobil gearbeitet werden kann. Das Homeoffice muss Gegenstände wie zB Schreibtisch, Stuhl, Beleuchtung, Laptop/PC und Drucker enthalten. Es ist festzulegen, ob sie vom Arbeitgeber oder vom Arbeitnehmer zur Verfügung gestellt werden. Sofern sie vom Arbeitgeber gestellt werden, sollte geregelt werden, welche Rechtsfolgen ein Schaden an diesen Gegenständen hat. Eigentum des Arbeitnehmers kann nur mit dessen Zustimmung einbezogen werden (Däubler/Deinert/Walser/ *Däubler* Anh. 49a Rn. 242i). Für die Nutzung seines Wohnraums sowie für Kosten von Telefon und Internet muss der Arbeitgeber nach § 670 BGB einen Ausgleich leisten. Die Höhe bestimmt sich nach den Umständen des Einzelfalls und ist somit Verhandlungssache. Weiterhin sollten die Voraussetzungen festgehalten werden, bei denen der Arbeitgeber die Anwesenheit des Arbeitnehmers im Betrieb oder auch andersherum, der Arbeitnehmer sie einfordern kann.

Praxistipp:

Der Mehrwert der gesetzlichen Regelung für den Betriebsrat liegt **192** darin, dass nunmehr jede Facette der Ausgestaltung des Mitbestimmungsrechts umfasst wird. Mitbestimmungspflichtig sind somit auch Fragen der Bindung des Arbeitsorts an die Wohnung des Arbeitnehmers (Homeoffice) oder der generelle Verzicht auf Bestimmung eines Aufenthaltsortes (mobiles Arbeiten) ebenso wie Fragen der spontanen Anordnung kurzzeitiger Präsenz im Betrieb (Rooming-In).

193   **c) Mögliche Regelungen für eine Betriebsvereinbarung zur mobilen Arbeit.** Die einzelnen Regelungspunkte von Betriebsvereinbarungen zu mobiler Arbeit/Homeoffice hängen stark vom Einzelfall und von dem zu regelnden Inhalt ab. Daher kann eine Musterbetriebsvereinbarung nicht alle möglichen Fallkonstellationen abbilden. Im Folgenden sollen vielmehr – ohne den Anspruch auf Vollständigkeit – einzelne Regelungspunkte zum mobilen Arbeiten und zu Telearbeit dargestellt werden, die möglicherweise vereinbart werden können.

194

> **§ 1 Anwendungsbereich**
>
> Diese Betriebsvereinbarung gilt für alle Mitarbeiter des Betriebs [xy].
>
> **§ 2 Begriffsbestimmungen**
>
> (1) Mobile Arbeit ist die Ausübung der Tätigkeit an einem Ort außerhalb der Betriebsstätte durch Zugriff auf die IT. Die Arbeit im Außendienst ist hiervon nicht umfasst.
>
> (2) Telearbeit definiert das wechselseitige Arbeiten in der Betriebsstätte und von zu Hause an einem fest eingerichteten Telearbeitsplatz und zu fest vereinbarten Tagen.
>
> **§ 3 Voraussetzungen**
>
> (1) Die Inanspruchnahme der mobilen Arbeit darf [x] % der regelmäßigen individuellen monatlichen Arbeitszeit nicht überschreiten. Mobile Arbeit bei Arbeit im Außendienst oder bei betrieblich veranlasster Reisetätigkeit wird hierauf nicht angerechnet.
>
> (2) Für die Inanspruchnahme eines Telearbeitsplatzes ist Voraussetzung, dass der Arbeitnehmer vertraglich zu mindestens 20 Wochenarbeitsstunden verpflichtet ist.
>
> (3) Die Inanspruchnahme ist freiwillig und dann ausgeschlossen, wenn eine persönliche Anwesenheit in der Betriebsstätte erforderlich ist.
>
> **§ 4 Benachteiligungsverbot**
>
> (1) Arbeitnehmer, die mobile Arbeit in Anspruch nehmen, dürfen in keiner Weise benachteiligt werden.
>
> (2) Die Nutzung mobiler Arbeitsmittel begründet keinen Anspruch und keine Verpflichtung, auch außerhalb der individuellen Arbeitszeit erreichbar zu sein. Die Nichterreichbarkeit außerhalb der Arbeitszeit darf zu keinerlei Nachteilen führen.
>
> **§ 5 Geheimschutz, Datenschutz und IT-Sicherheit**
>
> (1) Für die mobile Arbeit wird den Beschäftigten eine nach dem Stand der Technik sichere IT-Ausstattung zur Verfügung gestellt.
>
> (2) Bei der mobilen Arbeit ist die Verarbeitung besonders schutzwürdiger personenbezogener Daten untersagt.

(3) Die Beschäftigen verpflichten sich, Daten und Informationen im Rahmen des mobilen Arbeitens so zu schützen, dass unbefugte Dritte weder Einsicht noch Zugriff nehmen können.

(4) Die Beschäftigen erklären sich im Rahmen der mobilen Arbeit damit einverstanden, für Kontrollzwecke dem Datenschutzbeauftragten Zugang zum häuslichen Arbeitsbereich zu gewähren.

§ 6 Arbeitsmittel

(1) Voraussetzung für mobiles Arbeiten ist ein Zugang zum Internet.

(2) Für die mobile Arbeit wird als IT-Ausstattung ein Notebook [xy] zur Verfügung gestellt. Dieses verbleibt im Eigentum des Arbeitgebers. Alternativ können die Beschäftigten private Endgeräte benutzen (Bring-Your-Own-Device).

§ 7 Haftung

Im Falle einer Beschädigung von Arbeitsmitteln, die im Eigentum des Arbeitgebers stehen, haftet der Arbeitnehmer oder Angehörige des Haushaltes nur, wenn die Beschädigung vorsätzlich oder grob fahrlässig verursacht wurde.

§ 8 Verfahren

(1) Die Inanspruchnahme der mobilen Arbeit erfolgt in Absprache zwischen dem Arbeitnehmer und der unmittelbaren Führungskraft.

(2) Der Arbeitgeber ist berechtigt, der mobilen Arbeit aus wichtigem Grund, der in der Person des Arbeitnehmers liegt oder aufgrund eines Verstoßes gegen Sicherheitsrichtlinien oder wegen dringender betrieblicher Gründe zu widersprechen oder die Nutzung abzubrechen.

C. Die gesetzlichen Neuregelungen zur Anpassung der Betriebsratsarbeit an die Entwicklung der Digitalisierung

I. Die Zulässigkeit von Betriebsratssitzungen per Video- und Telefonkonferenz

1. Neuregelungen

§ 30 BetrVG Betriebsratssitzungen

(1) Die Sitzungen des Betriebsrats finden in der Regel während der Arbeitszeit **195** *statt. Der Betriebsrat hat bei der Ansetzung von Betriebsratssitzungen auf die betrieblichen Notwendigkeiten Rücksicht zu nehmen. Der Arbeitgeber ist vom Zeitpunkt der Sitzung vorher zu verständigen. Die Sitzungen des Betriebsrats sind nicht öffentlich. Sie finden als Präsenzsitzung statt.*

(2) Abweichend von Absatz 1 Satz 5 kann die Teilnahme an einer Betriebsratssitzung mittels Video- und Telefonkonferenz erfolgen, wenn

1. die Voraussetzungen für eine solche Teilnahme in der Geschäftsordnung unter Sicherung des Vorrangs der Präsenzsitzung festgelegt sind,

2. nicht mindestens ein Viertel der Mitglieder des Betriebsrats binnen einer von dem Vorsitzenden zu bestimmenden Frist diesem gegenüber widerspricht und

3. sichergestellt ist, dass Dritte vom Inhalt der Sitzung keine Kenntnis nehmen können.

Eine Aufzeichnung der Sitzung ist unzulässig.

(3) Erfolgt die Betriebsratssitzung mit der zusätzlichen Möglichkeit der Teilnahme mittels Video- und Telefonkonferenz, gilt auch eine Teilnahme vor Ort als erforderlich.

§ 33 BetrVG Beschlüsse des Betriebsrats

(1) Die Beschlüsse des Betriebsrats werden, soweit in diesem Gesetz nichts **196** *anderes bestimmt ist, mit der Mehrheit der Stimmen der anwesenden Mitglieder gefasst. Betriebsratsmitglieder, die mittels Video- und Telefonkonferenz an der Beschlussfassung teilnehmen, gelten als anwesend. Bei Stimmengleichheit ist ein Antrag abgelehnt.*

(2) Der Betriebsrat ist nur beschlussfähig, wenn mindestens die Hälfte der Betriebsratsmitglieder an der Beschlussfassung teilnimmt; Stellvertretung durch Ersatzmitglieder ist zulässig.

(3) Nimmt die Jugend- und Auszubildendenvertretung an der Beschlussfassung teil, so werden die Stimmen der Jugend- und Auszubildendenvertreter bei der Feststellung der Stimmenmehrheit mitgezählt.

§ 34 BetrVG Sitzungsniederschrift

(1) Über jede Verhandlung des Betriebsrats ist eine Niederschrift aufzuneh- **197** *men, die mindestens den Wortlaut der Beschlüsse und die Stimmenmehrheit, mit der sie gefasst sind, enthält. Die Niederschrift ist von dem Vorsitzenden und*

einem weiteren Mitglied zu unterzeichnen. Der Niederschrift ist eine Anwesenheitsliste beizufügen, in die sich jeder Teilnehmer eigenhändig einzutragen hat. **Nimmt ein Betriebsratsmitglied mittels Video- und Telefonkonferenz an der Sitzung teil, so hat es seine Teilnahme gegenüber dem Vorsitzenden in Textform zu bestätigen. Die Bestätigung ist der Niederschrift beizufügen.**

(2) Hat der Arbeitgeber oder ein Beauftragter einer Gewerkschaft an der Sitzung teilgenommen, so ist ihm der entsprechende Teil der Niederschrift abschriftlich auszuhändigen. Einwendungen gegen die Niederschrift sind unverzüglich schriftlich zu erheben; sie sind der Niederschrift beizufügen.

(3) Die Mitglieder des Betriebsrats haben das Recht, die Unterlagen des Betriebsrats und seiner Ausschüsse jederzeit einzusehen.

§ 51 BetrVG Geschäftsführung

198   (1) Für den Gesamtbetriebsrat gelten § 25 Abs. 1, die §§ 26, 27 Abs. 2 und 3, § 28 Abs. 1 Satz 1 und 3, Abs. 2, die §§ 30, 31, 34, 35, 36, 37 Abs. 1 bis 3 sowie die §§ 40 und 41 entsprechend. 2 § 27 Abs. 1 gilt entsprechend mit der Maßgabe, dass der Gesamtbetriebsausschuss aus dem Vorsitzenden des Gesamtbetriebsrats, dessen Stellvertreter und bei Gesamtbetriebsräten mit

9 bis 16   Mitgliedern aus 3 weiteren Ausschussmitgliedern,

17 bis 24   Mitgliedern aus 5 weiteren Ausschussmitgliedern,

25 bis 36   Mitgliedern aus 7 weiteren Ausschussmitgliedern,

mehr als 36 Mitgliedern aus 9 weiteren Ausschussmitgliedern

besteht.

(2) Ist ein Gesamtbetriebsrat zu errichten, so hat der Betriebsrat der Hauptverwaltung des Unternehmens oder, soweit ein solcher Betriebsrat nicht besteht, der Betriebsrat des nach der Zahl der wahlberechtigten Arbeitnehmer größten Betriebs zu der Wahl des Vorsitzenden und des stellvertretenden Vorsitzenden des Gesamtbetriebsrats einzuladen. Der Vorsitzende des einladenden Betriebsrats hat die Sitzung zu leiten, bis der Gesamtbetriebsrat aus seiner Mitte einen Wahlleiter bestellt hat. § 29 Abs. 2 bis 4 gilt entsprechend.

(3) Die Beschlüsse des Gesamtbetriebsrats werden, soweit nichts anderes bestimmt ist, mit Mehrheit der Stimmen der anwesenden Mitglieder gefasst. **Mitglieder des Gesamtbetriebsrats, die mittels Video- und Telefonkonferenz an der Beschlussfassung teilnehmen, gelten als anwesend.** Bei Stimmengleichheit ist ein Antrag abgelehnt. Der Gesamtbetriebsrat ist nur beschlussfähig, wenn mindestens die Hälfte seiner Mitglieder an der Beschlussfassung teilnimmt und die Teilnehmenden mindestens die Hälfte aller Stimmen vertreten; Stellvertretung durch Ersatzmitglieder ist zulässig. § 33 Abs. 3 gilt entsprechend.

(4) Auf die Beschlussfassung des Gesamtbetriebsausschusses und weiterer Ausschüsse des Gesamtbetriebsrats ist § 33 Abs. 1 und 2 anzuwenden.

(5) Die Vorschriften über die Rechte und Pflichten des Betriebsrats gelten entsprechend für den Gesamtbetriebsrat, soweit dieses Gesetz keine besonderen Vorschriften enthält.

2. Hintergrund der gesetzlichen Neuregelungen. Die Corona- **199**
Pandemie hat die Digitalisierung stark vorangetrieben. Mit dem Betriebs-
rätemodernisierungsgesetz soll auch die Arbeit der Betriebsräte an diesen
Prozess angepasst werden.

Vor Inkrafttreten des Betriebsrätemodernisierungsgesetzes war **200**
eine Beschlussfassung des Betriebsrats per Videokonferenz grundsätzlich
nicht zulässig (ArbG Stuttgart 25.4.2019 – 21 BV 62/18, BeckRS 2019,
10530 Rn. 60). Ob Betriebsratssitzungen mittels Video- oder Telefonkonferenz zulässig waren, war umstritten, die überwiegende Ansicht hat
dies bejaht (*Fitting* BetrVG § 33 Rn. 21b ff.). Problematisch war in dem
Zusammenhang das Erfordernis der Nichtöffentlichkeit nach § 30 S. 4
BetrVG und dass die Beschlussfassung durch den Betriebsrat die Stimmen
der Mehrheit der „anwesenden" Mitglieder des Betriebsrats erfordert.
Letzteres implizierte nach einer weit verbreiteten Auffassung die Notwendigkeit der physischen Zusammenkunft der Betriebsratsmitglieder
(Däubler/Klebe/Wedde/*Wedde* BetrVG § 30 Rn. 11). Einige Stimmen
ließen jedoch bereits vor der Gesetzesnovelle Ausnahmen vom grundsätzlichen Verbot zu (GK-BetrVG/*Raab* § 30 Rn. 11; Richardi BetrVG/
Thüsing § 30 Rn. 3). Dies sollte zB gelten, wenn sich in einem international tätigen Unternehmen die Betriebsratsmitglieder auf Dienstreise im
Ausland befanden. Weitere Stimmen plädierten auch für eine grundsätzli-
che Zulässigkeit (ErfK/*Koch* BetrVG § 30 Rn. 3; *Fündling/Sorber* NZA
2017, 552 (555 ff.)) mit der Argumentation, andernfalls sei der Betriebsrat
in international handelnden Unternehmen nicht funktionsfähig. Bereits
dann galt die Empfehlung, Einzelheiten in der Geschäftsordnung des
Betriebsrats zu regeln (*Fitting* BetrVG § 30 Rn. 21c; *Beden/Rombey* BB
2020, 1141 (1144)).

Der **befristet eingeführte § 129 BetrVG** ermöglichte bis einschließ- **201**
lich 30. Juni 2021 die Teilnahme an Betriebsratssitzungen mittels Video-
und Telefonkonferenz. Die temporär geltende Vorschrift sollte während
der Corona-Pandemie die Funktionsfähigkeit der Betriebsräte gewährleisten. Diesen Schwung der Digitalisierung gilt es auch nach der Pandemie beizubehalten. Der Gesetzgeber wollte den Bedarf nach einer dauerhaft rechtssicheren Option für eine Teilnahme an virtuellen Betriebsratssitzungen anerkennen. Dies geschah jedoch insofern zögerlich, als die
Neuregelung festlegt, dass Präsenzsitzungen des Betriebsrats weiterhin
vorrangig sind. Dies erklärt sich damit, dass Körpersprache, Mimik oder
Gestik virtuell nicht in gleicher Weise wahrgenommen werden können.
Auch ein vertraulicher Einzelaustausch von Betriebsratsmitgliedern, der
für die Meinungsbildung wichtig sein kann, ist nicht in gleichem Maße
möglich (BT-Drs. 19/28899, 19).

Die genaue Ausgestaltung der Rahmenbedingungen, um Sitzungen **202**
virtuell abhalten zu können, obliegt dem Betriebsrat, der entsprechende
Regelungen in seiner **Geschäftsordnung** zu treffen hat. Die gesetzlichen Regelungen schaffen so gesehen nur das Rahmengerüst, das natürlich verbindlich ist. Den enthaltenen Spielraum können die Betriebsräte
selbst füllen und bestimmen, in welchem Maße und in welcher Form sie
virtuell tagen wollen.

203   **3. Relevanz bei der Betriebsratsarbeit. a) § 30 Abs. 2 Nr. 1 BetrVG – Zulässigkeit unter Vorbehalt der Regelung in der Geschäftsordnung.** § 30 Abs. 2 BetrVG ermöglicht es dem Betriebsrat nunmehr abweichend vom Grundsatz des § 30 Abs. 1 S. 5 BetrVG, wonach die Sitzungen des Betriebsrats als Präsenzsitzung stattfinden, Sitzungen und Beschlussfassungen auch mittels Video- und Telefonkonferenz einschließlich onlinegestützter Anwendungen durchzuführen. Es können dann sowohl einzelne teilnahmeberechtigte Personen zugeschaltet oder die komplette Sitzung ausschließlich als Video- oder Telefonkonferenz mit den teilnahmeberechtigten Personen durchgeführt werden.

204   § 30 Abs. 1 S. 2 BetrVG, der regelt, dass der Betriebsrat bei der Ansetzung der Betriebsratssitzungen auf die betrieblichen Notwendigkeiten Rücksicht zu nehmen hat, ist unverändert geblieben. IVm der Neuregelung des § 30 BetrVG und den Möglichkeiten, Betriebsratssitzungen virtuell durchzuführen, kann aus § 30 Abs. 1 S. 2 BetrVG jedoch **nicht die Pflicht des Betriebsrats** abgeleitet werden, eine virtuelle anstatt einer Präsenzsitzung abzuhalten. § 30 Abs. 1 S. 2 BetrVG betrifft nur den Zeitpunkt, die Dauer und die Häufigkeit (Richardi BetrVG/*Thüsing* § 30 Rn. 3, 5) der Durchführung von Betriebsratssitzungen, nicht jedoch das Format (*Boemke/Roloff/Haase* NZA 2021, 827 (828)). Eine entsprechende Pflicht kann auch nicht aus dem Gebot der vertrauensvollen Zusammenarbeit nach § 2 Abs. 1 BetrVG abgeleitet werden.

Praxistipp:

205   Ob und inwieweit von der Möglichkeit virtueller Betriebsratssitzungen Gebrauch gemacht wird, **entscheidet alleinig der Betriebsrat.** Der Arbeitgeber ist nicht berechtigt, eine virtuelle Durchführung von Betriebsratssitzungen zu verlangen (BT-Drs. 19/28899, 19). Sofern der Arbeitgeber dem Betriebsrat dennoch untersagt, eine Präsenzsitzung durchzuführen, und ihn auf eine virtuelle Sitzung verweist, so stört er die Betriebsratsarbeit und der Betriebsrat kann gem. **§ 78 S. 1 BetrVG Unterlassung** verlangen.

206   § 30 Abs. 2 Nr. 1 BetrVG stellt die generelle Zulässigkeit virtueller Sitzungen und Beschlussfassungen unter den Vorbehalt, dass die Geschäftsordnung die Voraussetzungen für die Teilnahme unter Sicherung des **Vorrangs der Präsenzsitzungen** festlegt. Die Regelung durch die Geschäftsordnung ist somit obligatorisch. Auch der Vorrang der Präsenzsitzung ist durch entsprechende Vorschriften in der Geschäftsordnung zu sichern.

Praxistipp:

207   Sofern der Betriebsrat von dem neu eingeräumten Recht in § 30 Abs. 2 Nr. 1 BetrVG Gebrauch machen und virtuelle Sitzungen durchführen möchte, sind entsprechende Regelungen sowohl zu den **Voraussetzungen für die Teilnahme** als auch zum **Vorrang von Präsenzsitzungen** in der Geschäftsordnung obligatorisch. Die Geschäftsordnung ist gem. § 36 BetrVG schriftlich zu erlassen und mit der Mehrheit der Stimmen der Betriebsratsmitglieder zu beschließen. Im Übrigen steht es weitestgehend im Ermessen des Betriebsrats, wie er den Inhalt der Geschäftsordnung ausgestaltet.

Praxistipp:

Das Recht zur Teilnahme innerbetrieblicher Stellen – zB der **208** Schwerbehindertenvertretung und JAV – und außerbetrieblicher Teilnehmer, zB Gewerkschaften nach § 31 BetrVG, bleibt unberührt und ist auch in Video- und Telefonkonferenzen sicherzustellen. Für die Teilnahme von Menschen mit Behinderungen ist die Nutzung von Video- und Telefonkonferenzen **barrierefrei**, zB iSd § 4 Behindertengleichstellungsgesetzes ivm der Barrierefreien Informationstechnikverordnung (BITV 2.0) zugänglich und nutzbar zu gestalten (BT-Drs. 19/28899, 19).

Für den befristet eingeführten § 129 BetrVG ging die überwiegende **209** Meinung davon aus, dass der **Betriebsratsvorsitzende** die Entscheidungsbefugnis darüber innehatte, ob und in welcher Form eine virtuelle Sitzung stattfindet (LAG Hessen 8.2.2021 – 16 TaBV 185/20, BeckRS 2021, 4935 Rn. 22). Für die gesetzliche Neuregelung des § 30 Abs. 2 S. 1 BetrVG gilt dies nicht. Zwar beruft der Betriebsratsvorsitzende die Sitzungen ein (§ 29 Abs. 2 S. 1 BetrVG) und informiert die Mitglieder bereits, dass und in welcher Weise eine virtuelle Sitzung geplant ist (BT-Drs. 19/28899, 19). Er kann jedoch **über das Ob und das Wie nicht nach seinem Ermessen entscheiden.** Vielmehr kommt es darauf an, ob die Voraussetzungen des § 30 Abs. 2 S. 1 Nr. 2 BetrVG – insbesondere die entsprechenden Regelungen in der Geschäftsordnung – gegeben sind. Ist dies der Fall, so muss der Vorsitzende die Sitzung unter virtueller Teilnahme einzelner Mitglieder oder als vollständig virtuelle Sitzung einberufen. Ein Ermessen steht dem Vorsitzenden nur bezüglich der Auswahl der konkreten digitalen Teilnahmeform bzw. der konkreten Form der vollständig digitalen Sitzung zu, wenn die Geschäftsordnung in diesem Punkt nicht abschließend ist.

aa) Regelungen in der Geschäftsordnung zu den Voraussetzun- **210** **gen der Teilnahme.** Der Betriebsrat muss zunächst die Voraussetzungen für die Teilnahme an einer Betriebsratssitzung mittels Video- und Telefonkonferenz in der Geschäftsordnung festlegen.

§ 30 Abs. 2 S. 1 BetrVG erfasst sowohl die virtuelle Teilnahme einzel- **211** ner Betriebsratsmitglieder als auch die vollständig virtuelle Sitzung. Es empfiehlt sich daher, auch bei den Voraussetzungen in der Geschäftsordnung zwischen der **virtuellen** Teilnahme einzelner Betriebsratsmitglieder und der vollständig virtuellen Sitzung zu unterscheiden. Das eine oder das andere kann aus unterschiedlichen Gründen erforderlich sein. Eine bloß **teilvirtuelle** Betriebsratssitzung kommt zudem einer Präsenzsitzung näher, deren Vorrang in der Geschäftsordnung sichergestellt werden muss.

212   Die Geschäftsordnung kann die virtuelle Teilnahme einzelner Mitglieder zB daran knüpfen, dass die Präsenzteilnahme unzumutbar wäre, weil der Einzelne ortsabwesend ist (zB aufgrund einer Dienstreise, einer Tätigkeit im Außendienst oder Arbeiten im Homeoffice) oder aus verkehrstechnischen oder gesundheitlichen Gründen nicht an einer Präsenzsitzung teilnehmen kann.

213   Aufgrund ihrer zentralen, konstitutiven Bedeutung sollten die **Voraussetzungen hinreichend bestimmt** gefasst werden. In der Geschäftsordnung könnte zB auch eine Definition dazu aufgenommen werden, wann eine Unzumutbarkeit der persönlichen Teilnahme vorliegt. Wenn möglich, empfiehlt es sich, sich bei Definitionen an Parallelbeispielen aus dem Betriebsverfassungsgesetz zu orientieren. Für das Beispiel der Definition einer Unzumutbarkeit der persönlichen Teilnahme an einer Sitzung könnte die Formulierung der Geschäftsordnung an § 4 Abs. 1 S. 1 Nr. 1 BetrVG und an die bestehende Rechtsprechung zu der Frage einer räumlich weiten Entfernung angelehnt werden. Die Rechtsprechung stellt in diesem Fall auf die Erreichbarkeit mit öffentlichen Verkehrsmitteln ab und hat festgelegt, dass bei guten bis normalen Verkehrsbedingungen eine Entfernung von 40–45 km noch nicht räumlich weit entfernt sei (BAG 24.2.1976 – 1 ABR 62/75, AP BetrVG 1972 § 4 Nr. 2), bei optimalen Verkehrsbindungen seien selbst 60 bis 70 km noch nicht weit entfernt (BAG 24.9.1968 – 1 ABR 4/68, BeckRS 1968, 30701924) und bei schlechten Verkehrsbedingungen sei bereits eine Entfernung von 28 km weit (BAG 23.9.1960 – 1 ABR 9/59, BeckRS 1960, 30700897).

214   Eine **vollständig virtuelle Sitzung** kann die Geschäftsordnung zB vorsehen, wenn in der Sitzung absehbar **keine Beschlüsse** gefasst werden, weil etwa lediglich Unterrichtungen durch den Arbeitgeber oder Aussprachen auf der Tagesordnung stehen. Ebenfalls denkbar ist die Situation, dass der Betriebsrat zu Maßnahmen beraten und beschließen muss, die ein schnelles Handeln erfordern, weil sie fristgebunden sind. Äußert sich der Betriebsrat beispielsweise zu einer Einstellung oder Versetzung nicht innerhalb einer Woche, gilt seine Zustimmung als erteilt (§ 99 Abs. 3 BetrVG). Genauso wird die Zustimmung des Betriebsrats zu einer Kündigung fingiert, wenn er innerhalb der gesetzlichen Frist von einer Woche (bei der ordentlichen Kündigung) bzw. drei Tagen (bei der außerordentlichen Kündigung) keine Stellung nimmt (§ 102 Abs. 2 BetrVG). Letztlich gilt für alle Mitbestimmungsrechte, dass es nicht deren Sinn und Zweck entspricht, wenn der Betriebsrat sich mit der Angelegenheit nicht befasst, sondern untätig bleibt. Wenn in solchen Fällen eine Präsenzsitzung unter persönlicher Anwesenheit der Betriebsratsmitglieder nicht fristgerecht möglich ist, sollte die Möglichkeit einer Videokonferenz in der Geschäftsordnung eingeräumt werden.

215   Aber nicht nur der drohende Ablauf gesetzlicher Fristen kann eine Voraussetzung dafür sein, dass Sitzungen und Beschlussfassungen per Videokonferenz erforderlich sein könnten. Auch in nicht **fristgebundenen, aber strittigen Angelegenheiten** sind die Betriebspartner gem. § 74

Abs. 1 S. 2 BetrVG verpflichtet, mit dem ernsthaften Willen zur Einigung zu verhandeln und Vorschläge für die Beilegung von Meinungsverschiedenheiten zu unterbreiten. Dies gilt zB in Angelegenheiten, die nur im Wege einer freiwilligen Vereinbarung zwischen Arbeitgeber und Betriebsrat geregelt werden können (*Fitting* BetrVG § 74 Rn. 9). Auch diesbezüglich hat die Corona-Pandemie Beispiele geliefert, in denen der Arbeitgeber dringend eine Betriebsvereinbarung über Kurzarbeit oder über die Arbeit im Homeoffice abschließen musste und den Betriebsratsmitgliedern evtl. eine Präsenzsitzung zeitnah nicht möglich war.

Die Corona-Pandemie mit ihren einhergehenden Kontaktbeschrän- **216** kungen ist ebenfalls eine Phase, in der Präsenzsitzungen nicht oder nur unter Gefährdung für die Gesundheit der Beteiligten möglich waren. Diese Pandemie ist hoffentlich bald überstanden, aber grundsätzlich fallen sämtliche Sachverhalte, die in solcher oder ähnlicher Weise die **Gesundheit der Betriebsratsmitglieder** bei Präsenzsitzungen gefährden könnten, als weitere Beispiele hierunter.

bb) Regelungen in der Geschäftsordnung zum Vorrang von **217** **Präsenzsitzungen.** Des Weiteren obliegt es dem Betriebsrat, den Vorrang von Präsenzsitzungen **in seiner Geschäftsordnung** festzuschreiben. Der Vorrang der Präsenzsitzung gilt sowohl gegenüber vollständig virtuellen als auch gegenüber teilvirtuellen Sitzungen, da § 30 Abs. 1 S. 5 BetrVG nur Sitzungen als Präsenzsitzungen anerkennt, die unter physischer Anwesenheit aller Teilnehmer vor Ort stattfinden (BT-Drs. 19/ 28899, 19). Dahinter steht die Idee, ein Minimum an Präsenztreffen sicherzustellen, da dies für den persönlichen Austausch und für den Aufbau vertraulicher Beziehungen förderlich ist.

Dieser Anforderung kommt der Betriebsrat nach, wenn er zB die **218** virtuelle Teilnahme einzelner Mitglieder oder auch eine vollständig virtuelle Sitzungsdurchführung an bestimmte personen- bzw. gremiumsbezogene Voraussetzungen knüpft. Es ist dann hinreichend bestimmt, dass nur in diesen konkreten Fällen vom Grundsatz der Präsenzsitzung abgewichen wird. Sitzungen per Video- und Telefonkonferenz können zB auf bestimmte Themen oder Sachverhalte beschränkt werden. Denkbar wäre es, dies zB für Themen zu regeln, zu denen der Betriebsrat sich wegen drohenden Fristablaufs schnell beraten muss oder wenn es zB dem Gesundheitsschutz der Betriebsratsmitglieder dient.

Eine weitere Möglichkeit besteht darin, eine Mindestzahl von Präsenz- **219** sitzungen festzusetzen. Den Referenzzeitraum sowie die Mindestanzahl der Präsenzsitzungen sollte der Betriebsrat an seiner Größe sowie der üblichen Frequenz und Gesamtzahl seiner Sitzungen ausrichten.

Praxistipp:
Bei der Formulierung einer solchen Regelung kann der Betriebsrat **220** sich sehr gut an dem **Beispiel des § 43 Abs. 1 S. 1 BetrVG** orientieren. Eine Regelung in der Geschäftsordnung könnte zB lauten: „Der Betriebsrat wird mindestens einmal in jedem Kalendervierteljahr eine Betriebsratssitzung in Präsenz abhalten."

Praxistipp:

221 Die Gesetzesbegründung schlägt außerdem die Bestimmung einer Höchstanzahl (teil-)virtueller Sitzungen vor (BT-Drs. 19/28899, 19). Eine solche Regelung ist nicht zu empfehlen, da im Zweifel nicht vorhersehbar ist, wie viele Betriebsratssitzungen innerhalb eines Quartals überhaupt stattfinden werden. Es ist daher schwierig, in der Geschäftsordnung festzulegen, welche Anzahl an virtuellen Sitzungen den Vorrang der Präsenzsitzungen wahrt. Zudem würde der Betriebsrat sich seiner Flexibilität berauben.

222 **cc) Weitere empfehlenswerte Inhalte in der Geschäftsordnung.** Denkbar wäre weiterhin, dass der Betriebsrat in seiner Geschäftsordnung auch den **Vorrang der Video- vor einer Telefonkonferenz** vorsieht. Die Durchführung einer Videokonferenz hat den Vorteil, dass nonverbale Kommunikationssignale besser wahrgenommen werden. Außerdem sind durch den Austausch privater Nachrichten und die Nutzung von Gruppenräumen Nebengespräche und Einzeldiskussionen weiterhin möglich (vgl. hierzu *Winzer/Baeck/Hilgers* NZA 2021, 620 (623 f.)).

223 Eine entsprechende Regelung in der Geschäftsordnung könnte festlegen, dass vorrangig Videokonferenzen durchzuführen sind und nur, wenn dies nicht möglich ist, auf eine Telefonkonferenz ausgewichen werden soll. Dies hätte den Vorteil, dass der Voraussetzung von § 30 Abs. 2 Nr. 3 BetrVG Rechnung getragen und in größerem Umfang sichergestellt würde, dass Dritte vom Inhalt der Sitzungen keine Kenntnis nehmen können. Eine derartige Regelung ist allerdings rein **fakultativ.** Das Gesetz verlangt einen solchen Vorrang nach dem eindeutigen Wortlaut des § 30 Abs. 2 Nr. 1 BetrVG, der die Möglichkeit der Teilnahme an einer Betriebsratssitzung mittels Video- **und** Telefonkonferenz gleichermaßen einräumt, in keiner Weise. Rein faktisch gesehen weist die Telefonkonferenz jedoch keine funktionale Äquivalenz zu einer Videokonferenz auf. Letztere ermöglicht eine audiovisuelle wechselseitige Wahrnehmbarkeit der Gremienmitglieder und sämtlicher körperlicher Kommunikationssignale. Sie ist einer physischen Betriebsratssitzung vor Ort insofern gleichzustellen (hierzu kritischer *Klebe* NZA-Beil. 2017, 77 (84)).

224 Der Betriebsrat kann sich weiterhin dazu entscheiden, in seiner Geschäftsordnung **Regelungen über die Durchführung gremieninterner Wahlen** im Rahmen (teil-)virtueller Sitzungen zu treffen. Die §§ 30 Abs. 2 S. 1, 33 Abs. 1 S. 2 BetrVG normieren (teil-)virtuelle Sitzungen und Beschlussfassungen des Betriebsrats dauerhaft und umfassend. Nach den Neuregelungen stellen auch virtuelle Sitzungen vollwertige Betriebsratssitzungen dar, in deren Rahmen dieselben Abstimmungen stattfinden können wie in Präsenzsitzungen (aA *Winzer/Baeck/Hilgers* NZA 2021, 620 (623)). Hierzu zählen sowohl Beschlussfassungen (§ 33 Abs. 1 S. 2 BetrVG) als auch Wahlen. Einschränkungen sind nur dort zu machen, wo den Anforderungen bestimmter Abstimmungsmodalitäten aufgrund des digitalen Sitzungsformats nicht genügt werden kann. Für offene Wahlen gibt es hier keinerlei Bedenken. Geheime Wahlen hingegen sowie auch geheime Abstimmungen verlangen eine Präsenzsitzung, solange keine technischen Lösungen zur Verfügung stehen, welche die Geheimhaltung der Stimmabgabe uneingeschränkt garantieren. Die derzeit vorhandenen Tools für anonyme Online-Abstimmungen (zB PollUnit oder Xoyondo) sind noch nicht so lückenlos, dass ein Rückschluss auf das Abstimmungsverhalten vollständig ausgeschlossen werden kann. Geheime Wahlen nach §§ 27 Abs. 1 S. 3, 28 Abs. 1 S. 2, 38 Abs. 2 S. 1 BetrVG können also gegenwärtig nur in Präsenzsitzungen abgehalten werden. Angesichts der fortschreitenden technischen Entwicklung erscheint es aber wahrscheinlich, dass geheime Abstimmungen bald auch im Rahmen virtueller Sitzungen möglich sind. Wenn Betriebsräte diese Option für sich in Erwägung ziehen, empfiehlt es sich, dass sie bereits jetzt hierzu Regelungen in die Geschäftsordnung aufnehmen. Gleichsam könnte die Geschäftsordnung natürlich auch vorsehen, dass gremieninterne Wahlen und geheime Abstimmungen ausschließlich in Präsenzsitzungen zu erfolgen haben.

dd) Vorschlag für eine Geschäftsordnungsregelung zur Abhaltung der Betriebsratssitzungen per Video- oder Telefonkonferenz

§ 1 Zulässigkeit der Video- oder Telefonkonferenz   225

(1) Die regelmäßige Betriebsratssitzung kann anstatt im Sitzungsraum des Betriebsrats im Wege der digitalen Videoübertragung oder per Telefonkonferenz abgehalten werden (virtuelle Sitzung), sofern nicht ein Viertel der Betriebsratsmitglieder diesem Sitzungsformat innerhalb der vom Vorsitzenden gesetzten Frist widerspricht. Vorrangig vor Telefonkonferenzen sind virtuelle Sitzungen als Videokonferenzen durchzuführen. Satz 1 und Satz 2 gelten entsprechend, wenn die Betriebsratssitzung im Sitzungsraum des Betriebsrats abgehalten wird und einzelne Mitglieder des Betriebsrats bzw. die Schwerbehindertenvertretung sowie die Jugend- und Auszubildendenvertretung per Videoübertragung zugeschaltet werden sollen (teilvirtuelle Sitzung).

(2) Betriebsratssitzungen in Präsenz haben Vorrang vor virtuellen Sitzungen. Es wird daher festgelegt, dass der Betriebsrat mindestens einmal in jedem Kalendervierteljahr eine Betriebsratssitzung in Präsenz abhält.

(3) Die Durchführung einer virtuellen Betriebsratssitzung ist an die Voraussetzungen gebunden, dass

    1. eine Betriebsratssitzung an einem bestimmten Ort nur unter schwierigen Bedingungen möglich wäre,

    2. die Angelegenheit wegen Fristgebundenheit oder sonstigen Gründen eine schnelle Beschlussfassung erfordert,

    3. eine Präsenzsitzung die Gesundheit der Betriebsratsmitglieder gefährden könnte und/oder

    4. in der Sitzung keine Beschlüsse gefasst werden.

(4) Die Durchführung von teilvirtuellen Betriebsratssitzungen ist an die Voraussetzungen gebunden, dass das einzelne Betriebsratsmitglied
1. ortsabwesend und die Teilnahme vor Ort daher unzumutbar ist oder
2. aus verkehrstechnischen oder gesundheitlichen Gründen nicht an einer Präsenzsitzung teilnehmen kann.
Die Voraussetzungen für die Unzumutbarkeit der Teilnahme vor Ort orientieren sich an der Definition des § 4 Abs. 1 S. 1 Nr. 1 BetrVG. Die teilvirtuelle Teilnahme an einer Sitzung kann nicht aus Räumlichkeiten erfolgen, die noch von anderen Personen genutzt werden, die nicht teilnahmeberechtigt sind (zB Gemeinschaftsbüros).
(5) Auch außerordentliche Betriebsratssitzungen können virtuell abgehalten werden, wenn der Betriebsratsvorsitzende dies für erforderlich erachtet und die in Abs. 3 genannten Voraussetzungen vorliegen.

§ 2 Nichtöffentlichkeit
(1) Die Abhaltung der Video- oder Telefonkonferenz findet unter Ausschluss der Öffentlichkeit, insbesondere in Abwesenheit der Betriebsbelegschaft statt. Die Sitzungsteilnehmer sind zu jedem Zeitpunkt der Video- oder Telefonkonferenz gehalten, Zugriffe nicht teilnahmeberechtigter Personen zu melden und zu unterbinden. Befindet sich eine nicht teilnahmeberechtigte Person im virtuellen Raum, ist dies dem Betriebsratsvorsitzenden umgehend mitzuteilen.
(2) Der Betriebsratsvorsitzende stellt vor jeder Videokonferenz sicher, dass unbefugte Zugriffe auf Inhalte der Betriebsratssitzungen sowie ein unbemerktes Einwählen in die Konferenzschaltung durch eine digitale Verschlüsselung verhindert werden.
(3) Zu Beginn der Betriebsratssitzungen wird bei Durchführung einer Videokonferenz durch einen Kameraschwenk sichergestellt, dass nur Gremienmitglieder zugeschaltet sind.
(4) Erlangt der Betriebsratsvorsitzende während der Betriebsratssitzungen Kenntnis von der unbefugten Teilnahme einer Person, ist die Video- oder Telefonkonferenz unverzüglich zu unterbrechen oder zu beenden. Er wird die übrigen Sitzungsmitglieder unverzüglich über den unbefugten Zugriff informieren.

§ 3 Leitung der Video- oder Telefonkonferenz
(1) Eröffnung und Leitung der Video- oder Telefonkonferenz obliegen dem Betriebsratsvorsitzenden. Er übt das Hausrecht über die Konferenzschaltung aus. Er erteilt den Teilnehmern das Wort in der Reihenfolge der Wortmeldungen. Er kann den Sitzungsteilnehmern das Rederecht entziehen, wenn die ordnungsgemäße Durchführung der (teil-)virtuellen Konferenz gefährdet wird.

Dies ist insbesondere der Fall, wenn die Gesprächskoordination beeinträchtigt ist.

(2) Der Betriebsratsvorsitzende unterbricht die Sitzung, wenn einzelne Teilnehmer aufgrund technischer Komplikationen, wie zB Unterbrechungen der Ton- oder Bildübertragung, dem Verlauf der Video- oder Telefonkonferenz nicht mehr ordnungsgemäß folgen können.

§ 4 Protokoll

(1) Der Betriebsratsvorsitzende stellt zu Beginn der Video- oder Telefonkonferenz die Anwesenheit der Sitzungsteilnehmer fest und gibt dies zu Protokoll.

(2) Jeder anwesende Teilnehmer versichert zu Protokoll, dass nach seinem Wissen keine nicht teilnahmeberechtigten Personen Zugang zu der virtuellen Betriebsratssitzung haben und dass er den Betriebsratsvorsitzenden über eine unbefugte Teilnahme eines Dritten unverzüglich informiert.

§ 5 Beschlussfassung

(1) Zu Beginn der Beschlussfassung stellt der Betriebsratsvorsitzende die Beschlussfähigkeit fest. Diese liegt nur dann vor, wenn mindestens die Hälfte der Betriebsratsmitglieder an der Video- oder Telefonkonferenz teilnehmen.

(2) Die Beschlüsse werden mit der Mehrheit der Stimmen der Mitglieder, die der virtuellen Konferenz zugeschaltet sind, gefasst. Die Stimmabgabe erfolgt per Handzeichen oder durch digitale Übermittlung. Wenn es sich um eine geheime Abstimmung handelt, obliegt es dem Betriebsratsvorsitzenden, durch kommunikationstechnische Vorrichtungen sicherzustellen, dass ihm die Stimmabgaben anonym übermittelt werden.

(3) Eine Beschlussfassung unterbleibt, wenn eine Person der Video- oder Telefonkonferenz trotz ausdrücklichen Widerspruchs eines Betriebsratsmitglieds unbefugt weiterhin beiwohnt. Der Betriebsratsvorsitzende stellt in diesem Fall zunächst den Ausschluss der nicht teilnahmeberechtigten Person sicher. Wenn dies nicht möglich ist, muss die virtuelle Sitzung unterbrochen oder beendet werden.

§ 6 Sitzungsniederschrift

Der Betriebsrat oder ein von diesem gewählter Schriftführer fertigt eine Niederschrift über die Video- oder Telefonkonferenz an. Diese beinhaltet das Ergebnis des Beschlusses und die Stimmenverhältnisse sowie die vom Betriebsratsvorsitzenden angefertigte Anwesenheitsliste. Die Sitzungsniederschrift ist im Anschluss an die Video- oder Telefonkonferenz an die Sitzungsteilnehmer zum Zwecke der Unterzeichnung zu versenden.

226   **b) § 30 Abs. 2 Nr. 2 BetrVG – kein Widerspruch eines Viertels der Mitglieder binnen einer vom Vorsitzenden zu bestimmenden Frist.** Gem. § 30 Abs. 2 Nr. 2 BetrVG ist eine weitere Voraussetzung für die Zulässigkeit einer virtuellen Betriebsratssitzung, dass nicht zuvor ein Viertel der Mitglieder des Betriebsrats diesem Verfahren widerspricht. Hierbei ist zwingend zu beachten, dass der **Vorsitzende mit der Einladung** darauf hinweisen muss, dass und in welcher Weise die Nutzung von Video- und Telefonkonferenz beabsichtigt ist. Gleichzeitig muss er eine **angemessene Frist für einen Widerspruch** setzen. Sofern ein Betriebsratsmitglied Widerspruch einlegen möchte, so ist dieser gegenüber dem Vorsitzenden zu erklären. Er bedarf **keiner Begründung und kann formlos,** etwa auch mündlich, erklärt werden.

Praxistipp:

227   Es empfiehlt sich, dass der Betriebsratsvorsitzende die **Widerspruchsfrist** bereits in der Einladung zur Sitzung (§ 29 Abs. 2 S. 3 BetrVG) mit dem Hinweis festlegt, dass und in welcher Weise die Betriebsratssitzung per Video- oder Telefonkonferenz abgehalten werden soll (*Boemke/Roloff/Haase* NZA 2021, 827 (828)). Hierdurch erhalten die Mitglieder mit der Frist alle Informationen, die sie als Grundlage für den Widerspruch benötigen, zB wann, mit welcher Tagesordnung, in welchem (teil-)virtuellen Format (ausschließlich Video- oder Telefonkonferenz oder hybride Sitzung unter Zuschaltung Einzelner) und mittels welcher Video- bzw. Telefonkonferenzanwendung (zB Webex, Zoom etc.) die Sitzung abgehalten wird.

228   Die gesetzte **Frist** zur Einlegung von Widerspruch muss **angemessen** sein. Hierbei kann man sich an der Frist für die rechtzeitige Einladung der Mitglieder gem. § 29 Abs. 2 S. 3 BetrVG orientieren. Nach § 29 Abs. 2 S. 3 BetrVG ist eine Ladung jedenfalls mit einer Frist von 10 Tagen vor der Sitzung noch rechtzeitig, kann aber auch bei außerordentlichen Sitzungen aufgrund unvorhergesehener Eilfälle mit einer Frist von nur einem Tag noch rechtzeitig sein (*Fitting* BetrVG § 29 Rn. 44a). Auch bei der Fristsetzung für den Widerspruch ist **einzelfallabhängig** zu entscheiden, wann eine Frist noch angemessen ist. Sofern es sich jedoch nicht um eine außerordentliche Betriebsratssitzung in einem Eilfall handelt, kann die 10-Tages-Frist des § 29 Abs. 2 S. 3 BetrVG zugrunde gelegt werden. Gleichzeitig muss noch eine Zeitspanne abgezogen werden, in der der Vorsitzende alle geladenen Mitglieder informieren kann, dass die Sitzung wegen eines Widerspruchs doch nicht (teilweise) virtuell stattfindet. Im Ergebnis ist bei ordentlichen Betriebsratssitzungen eine Frist von sieben Tagen angemessen.

229   Die **Widerspruchserklärung** des Mitglieds wird mit ihrem **Zugang beim Betriebsratsvorsitzenden** wirksam. Die Widerspruchsfrist beginnt für jedes Betriebsratsmitglied separat mit dem Zugang der Mitteilung des Vorsitzenden über die Fristdauer. Wenn die Frist zu kurz bemessen ist, können die Mitglieder auch noch nach Fristablauf und innerhalb der angemessenen Frist widersprechen.

> **Praxistipp:**
> Wenn der Vorsitzende gar keine Frist bestimmt, weil er es versäumt   230
> hat oder in einem Eilfall berechtigterweise davon absieht, so können
> die Mitglieder ihren Widerspruch auch noch zu Beginn der virtuel-
> len Sitzung erklären. Dies ist jedoch nicht mehr möglich, nachdem
> ein Beschluss gefasst wurde (*Boemke/Roloff/Haase* NZA 2021, 827
> (829)).

c) § 30 Abs. 2 Nr. 3 BetrVG – Sicherstellung, dass keine Mög- 231
lichkeit der Kenntnisnahme durch Dritte besteht. § 30 Abs. 2 Nr. 3
BetrVG soll sicherstellen, dass Dritte vom Inhalt der Sitzung keine
Kenntnis nehmen können. Sinn und Zweck dieser Neuregelung liegen
darin begründet, dass § 30 S. 4 BetrVG vorsieht, dass die Sitzungen des
Betriebsrats nicht öffentlich sind. Für die klassische Betriebsratssitzung als
Präsenzveranstaltung bedeutet der **Nicht-Öffentlichkeitsgrundsatz**,
dass nicht amtsgebundene Beschäftigte und Arbeitgeber den Räumlichkeiten der Konferenz fernbleiben müssen. Bei einer virtuellen Sitzung per
Zuschaltung wird der physische Konferenzraum durch einen digitalen
Konferenzraum ersetzt. Durch die Neuregelung des § 30 Abs. 2 BetrVG,
der nun auch die Teilnahme an Video- und Telefonkonferenzen vorsieht,
entstand die vermeintlich „neue" Sorge, dass sich unbefugte Dritte der
Sitzungen heimlich mittels technischer Hilfsmittel zuschalten oder sich
unbemerkt in zugeschalteten Räumlichkeiten einzelner Gremienmitglieder aufhalten könnten (BT-Drs. 19/28899, 19). So berechtigt dieser
Einwand grds. ist, erschließt sich nicht, wieso diese Gefahr bei einer
physischen Sitzung vor Ort mit hinreichender Sicherheit ausgeschlossen
sein soll. Denn auch die Betriebsratssitzung vor Ort ist nicht davor gefeit,
dass jemand heimlich Sitzungsinhalte mitschneidet oder an der Tür
lauscht (so auch *Thüsing/Beden* BB 2019, 372 (375)).

Dennoch wollte der Gesetzgeber diesen Bedenken begegnen, indem er **232**
in § 30 Abs. 2 Nr. 3 BetrVG regelt, dass sichergestellt werden muss, dass
keine Möglichkeit der Kenntnisnahme durch Dritte erfolgt. Hierfür hat
der Betriebsrat sowohl **technische als auch organisatorische Vorkehrungen** zu treffen.

Gleichzeitig verlangt die Vorschrift vom Betriebsrat **keine absolute** 233
Vertraulichkeitsgarantie. Das Risiko, dass nicht berechtigte Personen
von Sitzungsinhalten erfahren, der virtuellen Sitzung heimlich beiwohnen oder die Sitzung heimlich übertragen wird, lässt sich nicht völlig
ausschließen.

aa) Mögliche Maßnahmen zur Sicherstellung, dass Dritte keine 234
Kenntnis nehmen können. Zunächst einmal hat der Betriebsrat neben
den technischen Anforderungen – wie auch bei Betriebsratssitzungen, die
in Präsenz stattfinden – **organisatorische Vorkehrungen** zu treffen,

um sicherzustellen, dass niemand außer den nach § 29 Abs. 2 BetrVG berechtigten Personen Kenntnis von den Sitzungsinhalten nehmen kann. In der Praxis kann der Betriebsrat dies durch geeignete Maßnahmen gewährleisten.

235 Sinnvoll ist es zunächst, in der **Geschäftsordnung** zu regeln, dass vorrangig vor Telefonkonferenzen Videokonferenzen durchgeführt werden (zu beispielhaften Regelungen in einer Geschäftsordnung → Rn. 225 ff.). In der Geschäftsordnung kann weiterhin ein Kameraschwenk festgelegt werden, der für jeden teilnehmenden Raum sicherstellt, dass nur das Gremienmitglied der Videokonferenz zugeschaltet ist (*Beden/Rombey* BB 2020, 1141 (1143)).

236 Weiterhin ist denkbar, dass die zugeschalteten Sitzungsteilnehmer **zu Protokoll versichern,** dass nur teilnahmeberechtigte Personen in dem von ihnen genutzten Raum anwesend sind und dass sie unverzüglich darüber informieren würden, falls nicht teilnahmeberechtigte Personen den Raum betreten (zu beispielhaften Regelungen in einer Geschäftsordnung → Rn. 225 ff.). Eine zusätzliche Maßnahme könnte eine individualisierte Passwortvergabe sein (*Lütkehaus/Powietka* NZA 2020, 552 (553)). Vor diesem Hintergrund muss ausgeschlossen werden, dass einzelne Teilnehmer der Betriebsratssitzung virtuell aus Räumen beiwohnen, die gleichzeitig von anderen Personen benutzt werden, wie zB ein Großraumbüro oder auch das heimische Wohnzimmer.

237 Der Betriebsratsvorsitzende sollte vor Beginn der Videokonferenz und auch während der laufenden Sitzung sicherstellen, dass **unbefugte Zugriffe** – wie etwa ein Einwählen von Dritten – unterbleiben. Eine technische Voraussetzung ist, dass für die Kommunikation zwischen den Betriebsratmitgliedern ein Programm verwendet wird, dass die Gesprächsinhalte durch Verschlüsselungstechniken vor dem unbefugten Zugriff durch Dritte schützt. Die Gesetzesbegründung zu dem vorläufigen § 129 Abs. 1 S. 1 BetrVG nennt hierzu beispielhaft die Programme „webEx" und „Skype" (BT-Drs. 19/18753, 28). Die Gesetzesbegründung zu § 30 Abs. 2 Nr. 3 BetrVG trifft keine genauen Aussagen. Da sich die Programme auch weiterentwickeln, ergibt es Sinn, sich auf dem neuesten Stand der Technik zu halten. Für eine sichere Kommunikation in einem professionellen Kontext ist ein System notwendig, welches eine **vollständige Verschlüsselung des kompletten Kommunikationsweges** zwischen den jeweiligen Endgeräten der Gremienmitglieder gewährleistet (*Tangemann* BB 2020, 1974 (1976)). Während der Dauer der Sitzung sollte ein **nicht-öffentlicher Raum** genutzt werden.

Praxistipp:

238 Generell sollten die beschlossenen und umgesetzten Regelungen, mit denen die erforderlichen Sicherheitsmaßnahmen zur Gewährleistung der Nichtöffentlichkeit der Sitzung getroffen wurden, in der Geschäftsordnung des Betriebsrats festgeschrieben sein (zu beispielhaften Regelungen in einer Geschäftsordnung → Rn. 225 ff.).

bb) Ausstattung der Gremien. Zur Durchführung von virtuellen 239
Sitzungen und zur Einhaltung der vorgeschriebenen Sicherheitsmaßnahmen benötigen Betriebsräte nach Inkrafttreten der gesetzlichen Änderungen eine entsprechende **technische Ausstattung.** In diesem Zusammenhang wird sich verstärkt die Frage stellen, inwieweit der Betriebsrat Mittel für die Durchführung von Sitzungen via Video- oder Telefonkonferenz verlangen kann, die im Unternehmen nicht verfügbar sind. Hierzu treffen die neuen gesetzlichen Vorschriften keine Aussagen. Die Erforderlichkeit der Ausstattung richtet sich vielmehr nach § 40 Abs. 2 BetrVG „unter Berücksichtigung aller Umstände des Einzelfalls anhand der konkreten Verhältnisse des Betriebs und der sich stellenden Betriebsratsaufgaben". Der Arbeitgeber muss dem Betriebsrat nach § 40 Abs. 2 BetrVG für seine Sitzungen, Sprechstunden und die laufende Geschäftsführung in dem erforderlichen Umfang Räume, Sachmittel, EDV sowie Büropersonal zur Verfügung stellen. Was davon im Einzelfall erforderlich ist, hängt zB von der Größe des Betriebs und des Betriebsrats, der Art der erbrachten Tätigkeiten und betrieblichen Besonderheiten ab.

Bereits vor Inkrafttreten des Betriebsrätemodernisierungsgesetzes war 240
die Frage heftig umstritten, welche **EDV der Arbeitgeber für die Betriebsratstätigkeit zur Verfügung** stellen muss. Mit Sicherheit hat sich dieses Streitpotenzial vor dem Hintergrund der gesetzlichen Neuregelungen nochmal erhöht. Im Jahr 2007 entschied das BAG, dass eine Erforderlichkeit dann gegeben sei, wenn ohne die EDV die Wahrnehmung der Rechte und Pflichten des Betriebsrats vernachlässigt werden würde (BAG 16.5.2007 – 7 ABR 45/06, NZA 2007, 1117). Im Jahr 2010 bejahte das BAG eindeutig die Erforderlichkeit für einen Internetzugang (BAG 17.2.2010 – 7 ABR 81/09, BB 2010, 1724) und eine E-Mail-Adresse (BAG 14.7.2010 – 7 ABR 80/08, BB 2010, 3083). Das BAG lehnte hingegen in der Vergangenheit einen Anspruch auf einen Laptop (LAG Köln 13.12.2011 – 11 TaBV 59/11, BeckRS 2012, 71357) und eine kostenpflichtige Verschlüsselungssoftware für die Kommunikation des Betriebsrats (LAG Köln 9.7.2010 – 4 TaBV 25/10, NZA 2011, 117) ab. Ob diese Rechtsprechung angesichts der fortschreitenden Digitalisierung und auch vor dem Hintergrund des Betriebsrätemodernisierungsgesetzes weiterhin Bestand haben kann, ist mehr als fraglich. So statuiert insbesondere § 30 BetrVG nach seiner gesetzlichen Anpassung neue Rechte und Pflichten für den Betriebsrat, die eine gewisse technische Ausstattung voraussetzen.

Praxistipp:
Der Betriebsrat muss im Rahmen der **Forderungen von Sachmit-** 241
teln nach § 40 Abs. 2 BetrVG „die **Interessen des Betriebs einerseits und der Arbeitnehmerschaft und ihrer Vertretung** andererseits gegeneinander abwägen" (BAG 11.3.1998 – 7 ABR 59/96, NZA 1998, 953 (954)). Es handelt sich bei den gesetzlichen Regelungen des Betriebsrätemodernisierungsgesetzes um neue Vorschriften, zu denen bislang keinerlei Rechtsprechung existiert. Es ist daher

zu einem großen Teil noch unklar, wie bestimmte Begriffe zu definieren sind. Es empfiehlt sich, dass beide Betriebsparteien wohlwollend nach Einigungen suchen, anstatt auf Konfrontation zu setzen.

242   Das LAG Köln hat sich im Jahr 2010 mit der Frage befasst, ob eine besondere Software für die Arbeit des Betriebsrats erforderlich ist, die gegenüber der anderweitig im Betrieb verwendeten Software eine gesteigerte Sicherheit bietet. Das LAG Köln stellte sich auf den Standpunkt, dass dem Betriebsrat zunächst die Prüfung obliege, „ob ein von ihm verlangtes Sachmittel zur Erledigung von Betriebsratsaufgaben erforderlich und vom Arbeitgeber zur Verfügung zu stellen ist" (LAG Köln 9.7.2010 – 4 TaBV 25/10, NZA-RR 2011, 24 (25)). Der Betriebsrat habe dabei immer die Interessen der Belegschaft an einer sachgerechten Ausübung des Betriebsratsamtes einerseits und berechtigte Interessen des Arbeitgebers an der Begrenzung der Kostentragungspflicht andererseits gegeneinander abzuwägen.

243   Es gibt folglich keine endgültige Antwort auf die Frage, welche Sachmittel oder auch welche technische Ausstattung erforderlich ist. Es handelt sich stets um eine Einzelfallabwägung.

Praxistipp:

244   Das **Eigentum an den Arbeitsmitteln,** die der Arbeitgeber zur Verfügung stellt, bleibt bei ihm. Der Betriebsrat erhält daran nur ein Nutzungs- bzw. Besitzrecht (*Fitting* BetrVG § 40 Rn. 107).

245   Das LAG Berlin-Brandenburg entschied während der Corona-Pandemie, dass der Betriebsrat aus § 40 Abs. 2 BetrVG einen Anspruch darauf habe, dass ihm zur Durchführung virtueller Betriebsratssitzungen zwei Lizenzen zur Durchführung von Videokonferenzen, zwei Headsets, zwei Webcams und elf Smartphones zur Verfügung gestellt werden (LAG Berlin-Brandenburg 14.4.2021 – 15 TaBVGa 401/21, BeckRS 2021, 11673). Diese Mittel seien erforderlich iSd § 40 Abs. 2 BetrVG. Da die Möglichkeit zur Einladung accountgebunden ist, seien dem Betriebsrat zwei Lizenzen zur Verfügung zu stellen. Außerdem benötige er hierfür zwei Headsets und zwei Webcams. Der Anspruch auf Nutzung eines Smartphones bestehe für die regulären Betriebsratsmitglieder genauso wie für die Ersatzmitglieder. Es könne immer vorkommen, dass ein Betriebsratsmitglied verhindert sei, daher seien entsprechende Kommunikationseinrichtungen auch den Ersatzmitgliedern zur Verfügung zu stellen.

Praxistipp:

246   Nach § 40 Abs. 2 BetrVG hat der Betriebsrat nur einen **Überlassungsanspruch.** Die Norm gibt hingegen **keinen Anspruch auf Zahlung eines Kostenvorschusses** für den Erwerb der notwendigen Soft- und Hardware zur Durchführung von Videokonferenzen.

> Der Betriebsrat ist somit nicht berechtigt, sich die Sachmittel selbst zu beschaffen (*Fitting* BetrVG § 40 Rn. 105). Insofern kann der Betriebsrat auch nicht verlangen, dass ihm Geld dafür zur Verfügung gestellt wird.

Das Recht zur innerbetrieblichen (zB für die jeweilige Schwerbehin- **247** dertenvertretung gem. §§ 32, 52, 59a BetrVG oder für die JAV gem. § 67 BetrVG) wie auch das Recht zur außerbetrieblichen (für Gewerkschafts- mitglieder zB gem. § 31 BetrVG) Teilnahme bleibt unberührt und ist auch bei der Durchführung mittels Video- oder Telefonkonferenz sicher- zustellen.

Für die Teilnahme von Menschen mit Behinderungen ist die Nutzung **248** von Video- und Telefonkonferenzen barrierefrei zugänglich und nutzbar zu gestalten. Dabei hat sich der Betriebsrat an § 4 Behindertengleich- stellungsgesetzes (BGG) iVm der Barrierefreien Informationstechnikver- ordnung (BITV 2.0) zu orientieren.

Die gesetzlichen Neuregelungen gelten gleichermaßen für den Ge- **249** samt- und Konzernbetriebsrat (§ 51 Abs. 1 S. 1, § 59 Abs. 1 S. 1 BetrVG), die JAV (§ 65 Abs. 1 BetrVG), die Gesamt-JAV (§ 73 Abs. 2 BetrVG) sowie die Konzern-Jugend- und Auszubildendenvertretung (§ 73b Abs. 2 BetrVG). Sie gelten entsprechend für die ebenfalls im dritten Abschnitt geregelten Ausschüsse und Arbeitsgruppen nach § 28a BetrVG und für Sitzungen und Zusammenkünfte des Wirtschaftsaus- schusses nach § 108 Abs. 1, 4 und 5 BetrVG.

d) § 30 Abs. 2 S. 2 BetrVG – Sämtliche Aufzeichnungen der **250** **Sitzung sind unzulässig.** Gem. § 30 Abs. 2 S. 2 BetrVG sind **sämtli- che technischen Aufzeichnungen** einer Betriebsratssitzung, an der mittels Video- und Telefonkonferenz teilgenommen wird, **unzulässig.** Diese Neuregelung überrascht, weil nach überwiegender Meinung Auf- nahmen zu Zwecken der Protokollführung bei der Betriebsratssitzung in Präsenz zulässig sind, wenn alle Anwesenden zustimmen (*Richardi* BetrVG/*Thüsing* § 34 Rn. 8).

Auch an dieser Stelle zeigt sich, dass die Wahl des verwendeten Kon- **251** ferenztools jedenfalls bei Videokonferenzen entscheidend ist. Einige der zur Auswahl stehenden Programme (so zB Skype, Zoom) haben eine eigene Funktion integriert, die von Seiten des Nutzers eine Aufzeich- nung der Gespräche erlaubt. Wird diese Funktion vom Nutzer aktiviert, erscheint für alle teilnehmenden Personen eine Benachrichtigung darü- ber, dass die Konferenz aufgezeichnet wird. Damit wäre eine heimliche Aufzeichnung jedenfalls über eine solche Funktion schwierig. Problema- tischer ist die Möglichkeit des verdeckten Mitschneidens zB über Pro- gramme, die nicht direkt im verwendeten Konferenz-Tool integriert sind. Absolute Sicherheit darüber, ob eine Sitzung heimlich mitgeschnit- ten oder mitgehört wird, ist wohl nicht zu bekommen.

252   **e) § 30 Abs. 3 BetrVG – Erforderlichkeit einer Teilnahme vor Ort.** Die gesetzlichen Regelungen unterscheiden den Fall, dass alle Mitglieder der Sitzung virtuell zugeschaltet sind oder nur einzelne Mitglieder, während sich der Rest in Präsenz versammelt hat. Um jedoch zu vermeiden, dass Betriebsräte gezwungen werden, aus Kostengründen auf eine Teilnahme vor Ort zu verzichten, stellt § 30 Abs. 3 BetrVG klar, dass bei dieser Fallkonstellation eine **Teilnahme vor Ort an der Sitzung als erforderliche Betriebsratstätigkeit** isd § 40 Abs. 1 BetrVG gilt. Die entstehenden Kosten für die Teilnahme an der Sitzung müssen weiterhin verhältnismäßig sein.

253   Durch diese Regelung vermeidet der Gesetzgeber Unklarheiten über die Erstattungspflicht von Reisekosten nach § 40 Abs. 2 BetrVG oder des Entgeltausfalls nach § 37 Abs. 2, 3 BetrVG, indem er die Erforderlichkeit – trotz der kostenmäßig günstigeren Optionen der virtuellen Teilnahme – festlegt. Dies könnte zB bei Betriebsräten relevant werden, die als Außendienstmitarbeiter weit vom Stammsitz des Betriebs entfernt tätig sind und zur Betriebsratssitzung erhebliche Strecken unter großem Zeitaufwand anreisen müssen. In solchen Konstellationen stellt § 30 Abs. 3 BetrVG ausdrücklich klar, dass es stets bei der **grundsätzlichen Erstattungspflicht des Arbeitgebers** bleibt. Dieser hat keinerlei Handhabe zu verlangen, dass einzelne Betriebsratsmitglieder virtuell an der Sitzung teilnehmen oder die Betriebsratssitzung in Gänze als virtuelle Sitzung stattfindet.

254   **f) § 33 Abs. 1 S. 2 BetrVG – Anwesenheit.** Erfolgt die Teilnahme an einer Betriebsratssitzung mittels Video- oder Telefonkonferenz nach § 30 Abs. 2 S. 2 BetrVG, gilt das Betriebsratsmitglied nach der gesetzlichen Neuregelung des § 33 Abs. 1 S. 2 BetrVG als anwesend isd § 30 Abs. 1 S. 1 BetrVG. Diese Klarstellung ist deswegen wichtig, weil § 33 Abs. 1 S. 1 BetrVG für die Beschlussfassung des Gremiums anordnet, dass diese durch die Stimmenmehrheit der „anwesenden Mitglieder" erfolgt. Eine **Beschlussfassung** kann daher nunmehr auch wirksam erfolgen, wenn einzelne oder alle Betriebsratsmitglieder mittels Video- oder Telefonkonferenz an ihr teilnehmen. Das gleiche gilt gem. § 51 Abs. 3 S. 2 BetrVG auch bei Sitzungen des Gesamtbetriebsrats. Die Regelung gilt ebenso für den Konzernbetriebsrat (§ 59 Abs. 1 S. 1 BetrVG), die Gesamt-Jugend- und Auszubildendenvertretung (§ 73 Abs. 2 BetrVG) sowie die Konzern-Jugend- und Auszubildendenvertretung (§ 73b Abs. 2 BetrVG).

255   **g) § 34 Abs. 1 BetrVG – Niederschrift.** § 34 BetrVG regelt, dass über jede Verhandlung des Betriebsrats eine Niederschrift aufzunehmen ist. Erfolgt die Teilnahme an einer Betriebsratssitzung jedoch mittels Video- oder Telefonkonferenz, ist die eigenhändige Eintragung in die Anwesenheitsliste nicht möglich. In diesem Fall ersetzt die gegenüber dem Vorsitzenden **in Textform (§ 126b BGB) bestätigte Anwesenheit** des Betriebsratsmitglieds die Eintragung in die Anwesenheitsliste. In Betracht kommt hier auch die elektronische Erstellung und Übermittlung (zB per E-Mail, Messenger oder Chat-Funktionen), wenn sichergestellt ist, dass der Vorsitzende als Empfänger die durch den Absender inhaltlich unveränderbare Erklärung zu seiner dauerhaften Verwendung aufbewahren oder speichern kann. Diese Bestätigung ist der Niederschrift beizufügen. Dies ist nach der Gesetzesreform in § 34 Abs. 1 S. 4 und S. 5 BetrVG festgelegt.

h) Rechtsfolgen formeller Fehler bei Betriebsratssitzungen. Was 256
ist die Rechtsfolge, wenn eine der oben aufgeführten Voraussetzungen bei einer virtuellen Betriebsratssitzung nicht vorlag, sich also zB im Nachhinein eine mangelhafte Verschlüsselung der Konferenz oder eine rechtswidrige Aufzeichnung der Sitzung herausstellt und in dieser Betriebsratssitzung ein Beschluss gefasst wurde?

Grundsätzlich ist ein **Beschluss** des Betriebsrats **nichtig,** wenn er 257
inhaltlich gegen ein Gesetz oder gegen die guten Sitten verstößt. Dh, dass nicht jeder Verstoß gegen formelle Anforderungen an den Beschluss zwingend auch dessen Unwirksamkeit zur Folge hat.

Praxistipp:
Eine Nichtigkeit wegen formeller Fehler kommt nur in Betracht, 258
wenn gegen formelle Anforderungen verstoßen wurde, die **für das ordnungsgemäße Zustandekommen eines Betriebsratsbeschlusses** wesentlich sind (BAG 23.8.1984 – 2 AZR 391/83, NZA 1985, 254). Hierzu gehören die rechtzeitige Ladung der Teilnehmer unter Mitteilung der Tagesordnung (§ 29 Abs. 2 S. 3 BetrVG), die Beschlussfassung ausschließlich durch Betriebsratsmitglieder, die Beschlussfähigkeit (§ 33 Abs. 2 BetrVG), die Zuständigkeit, die Billigung des Beschlusses mit der Stimmenmehrheit (§ 33 Abs. 1 S. 1 BetrVG) sowie die Wahrung der Schriftform (zB in Fällen der §§ 27 Abs. 2 S. 3, 28 Abs. 1 BetrVG). Andere Verstöße, wie zB die fehlende Sitzungsniederschrift, haben in der Regel keine Auswirkung auf die Wirksamkeit des Beschlusses (BeckOK ArbR/*Mauer* BetrVG § 34 Rn. 4).

aa) Unberechtigte Teilnehmer. Nach der gesetzlichen Neuregelung 259
ist der Betriebsrat verpflichtet sicherzustellen, dass Dritte vom Inhalt der Sitzung keine Kenntnis nehmen können. Rechtsprechung und Literatur sind sich jedoch einig, dass ein **Verstoß gegen das Gebot der Nichtöffentlichkeit aus § 30 S. 4 BetrVG** nicht automatisch in jedem Fall zur Unwirksamkeit eines im Rahmen der Betriebsratssitzung gefassten Beschlusses führt (BAG 30.9.2014 – 1 ABR 32/13, NZA 2015, 370 (374); *Fitting* BetrVG § 30 Rn. 22a). Hinsichtlich des rechtlichen Schicksals der Beschlussfassung führt das BAG aus: „Ein wesentlicher, zur Unwirksamkeit des gefassten Beschlusses führender Verstoß gegen § 30 S. 4 BetrVG liegt allenfalls vor, wenn zumindest ein Betriebsratsmitglied vor der Behandlung eines Tagesordnungspunktes die Anwesenheit einer nicht teilnahmeberechtigten Person ausdrücklich beanstandet hat und diese anwesend bleibt." (BAG 30.9.2014 – 1 ABR 32/13, NZA 2015,

370 (374)). Überträgt man diese Rechtsprechung auf eine Betriebsratssitzung, die virtuell abgehalten wird, muss entsprechend unterschieden werden: Hat sich in einem virtuellen Videokonferenzraum eine nicht teilnahmeberechtigte Person zugeschaltet und ist diese für die Betriebsratsmitglieder sichtbar, besteht die Möglichkeit, die Anwesenheit dieser Person zu beanstanden. Der in dieser Sitzung gefasste Beschluss wird wegen eines Verstoßes gegen § 30 S. 4 BetrVG erst dann unwirksam, wenn die **Anwesenheit ausdrücklich beanstandet wurde** und die **entsprechende Person der Videokonferenz dennoch weiterhin beiwohnt.** Sofern sich hingegen heimlich eine dritte Person unbefugt der Sitzung zugeschaltet hat, findet die Rechtsprechung des BAG auf diesen Fall keine Anwendung. Wenn die Betriebsratsmitglieder von der Existenz eines unbefugten Mithörers nichts wissen, können sie diese auch nicht beanstanden. Ein im Rahmen dieser Sitzung gefasster Beschluss ist nur dann unwirksam, wenn feststeht, dass der Ausgang der Beschlussfassung bei Beachtung des Gebotes des Öffentlichkeitsausschlusses ein anderer gewesen wäre (*Fitting* BetrVG § 30 Rn. 22a). Dies zu behaupten oder gar nachzuweisen wird jedoch schwierig, wenn nicht unmöglich: Wenn sich die Betriebsratsmitglieder gar nicht darüber bewusst waren, dass unbefugte Teilnehmer im virtuellen Raum waren, kann sich dies auch nicht wirklich auf den Ausgang des Beschlusses ausgewirkt haben (*Fündling/Sorber* NZA 2017, 552 (557)).

260   bb) Mangelhafte Verschlüsselung. Weiterhin kann man an den Fall denken, dass sich der Betriebsrat bei der Wahl des Programms zur Durchführung einer digitalen Sitzung einer **Anwendung bedient, die nicht den technischen Anforderungen des Gesetzgebers an die Verschlüsselung der Kommunikation** gerecht wird und so gegen das Prinzip der Nichtöffentlichkeit verstößt. Überträgt man die oben aufgeführte Rechtsprechung des BAG auch auf diese Fallkonstellation, so wäre ein Beschluss der digitalen Gremiensitzung nur dann wegen Verstoßes gegen die Nichtöffentlichkeit unwirksam, wenn eine nicht teilnahmeberechtigte Person trotz Beanstandung durch weitere Teilnehmer anwesend bleibt oder Einfluss auf das Abstimmungsergebnis genommen hat. Es ist jedoch zu beachten, dass der Gesetzgeber mit der Neuregelung des § 30 Abs. 2 BetrVG nur unter den dort genannten Voraussetzungen eine Ausnahme von der Pflicht zur gleichzeitigen physischen Anwesenheit der Gremienmitglieder zulassen wollte. Im Bereich der technischen Anforderungen erscheint eine Anwendung der Rechtsprechung des BAG nicht passend, da die Durchführung der Sitzung mit mangelhafter Verschlüsselung nicht mit einer unbeanstandet gebliebenen Anwesenheit nicht teilnahmeberechtigter Personen bei einzelnen Tagesordnungspunkten vergleichbar ist. Es könnte in einem solchen Fall davon ausgegangen werden, dass potentiell eine Vielzahl von unberechtigten Personen von den Sitzungsinhalten Kenntnis erlangt hat und damit die audiovisuelle Durchführung der Gremiensitzung in Gänze unzulässig ist, weil die Nichtöffentlichkeit nicht gewährleistet werden kann. Diese Rechtsauffassung scheint jedoch zu ausufernd. Lediglich die abstrakte Gefahr, dass unberechtigte Teilnehmer vom Inhalt der Sitzung Kenntnis erlangt haben, führt alleine nicht zur Nichtigkeit des Beschlusses. Es ist somit richtigerweise doch an die tatsächliche Teilnahme unberechtigter Personen anzuknüpfen, so dass im Ergebnis die gleichen Grundsätze zur Anwendung kommen und ein Beschluss der digitalen Gremiensitzung nur dann wegen des Verstoßes der Nichtöffentlichkeit unwirksam wäre, wenn eine unberechtigte Person trotz Beanstandung weiterer Teilnehmer anwesend geblieben oder Einfluss auf das Abstimmungsergebnis genommen hat.

Praxistipp:

In der Praxis ist dem Betriebsrat davon abzuraten, Software zu nutzen, die nicht den beschriebenen Anforderungen genügt. Es sollte besondere Aufmerksamkeit auf eine **möglichst umfassende und sichere Verschlüsselung der Verbindung** gelegt werden. Andernfalls kann nicht ausgeschlossen werden, dass Arbeitgeber oder einzelne Arbeitnehmer die in der Sitzung gefassten Beschlüsse mit Verweis auf einen Gesetzesverstoß angreifen.   **261**

cc) Rechtswidrige Aufzeichnung. Auch eine **rechtswidrige Aufzeichnung der Gremiensitzung** kann nicht die Unwirksamkeit eines Beschlusses nach sich ziehen. Dies gilt unabhängig davon, ob ein Gremienmitglied die Sitzung heimlich mitschneidet oder ob der Mitschnitt für alle Teilnehmenden sichtbar über die etwaigen im Programm integrierten Aufnahmefunktionen erfolgt. Dies lässt sich aus dem Zweck des Aufzeichnungsverbotes herleiten. Das Aufzeichnungsverbot dient vor allem und primär dem Schutz der persönlichen Daten der teilnehmenden Betriebsratsmitglieder. Das wird schon daran deutlich, dass Aufnahmen bei der Präsenzsitzung zu Protokollzwecken zulässig sind, solange alle Anwesenden mit der Aufnahme einverstanden sind. Ein Verstoß gegen datenschutzrechtliche Vorschriften rechtfertigt aber keine betriebsverfassungsrechtliche Unwirksamkeitsfolge des Beschlusses.   **262**

Praxistipp:

Der Betriebsratsvorsitzende muss dennoch **auf eine sofortige Unterlassung der Aufzeichnung hinwirken,** wenn diese für ihn erkennbar wird. Die virtuelle Durchführung der Betriebsratssitzungen entbindet nicht von der Pflicht, eine Sitzungsniederschrift zu erstellen. Eine Aufzeichnung der audiovisuellen Sitzung ist jedoch nach den gesetzlichen Neuregelungen auch zu Protokollzwecken untersagt. Es könnte daher sinnvoll sein, mehrere Protokollführer mit der Anfertigung der Sitzungsniederschrift zu betrauen (zu diesem Vorschlag vgl. *Fuhlrott/Fischer* NZA 2020, 490 (491)).   **263**

dd) Verstöße gegen die Geschäftsordnung. Wenn der Betriebsrat in der Geschäftsordnung wirksame Voraussetzungen für Sitzungen mittels Video- oder Telefonkonferenz festlegt, eine Sitzung dann aber doch   **264**

virtuell stattfindet, obwohl die Anforderungen im konkreten Fall nicht vorliegen, so sind in dieser Sitzung gefasste Beschlüsse unwirksam. Die Geschäftsordnungsregelungen stellen in diesem Fall **wesentliche Verfahrensvorschriften** dar. Sind hingegen die Voraussetzungen der Geschäftsordnung, nach denen eine Betriebsratssitzung virtuell stattfinden kann, gegeben und wird die Sitzung aber dennoch in Präsenz durchgeführt, so sind die gefassten Beschlüsse regelmäßig wirksam. Die Durchführung einer Präsenz- anstelle einer virtuellen Sitzung wirkt sich auf die Beschlussfassung durchweg positiv aus. Etwas anderes gilt nur, wenn ein Mitglied aufgrund der Durchführung, die der Geschäftsordnung entgegensteht, an der Sitzungsteilnahme verhindert ist (§ 25 Abs. 1 S. 2 BetrVG).

265   **ee) Zusammenfassung Rechtsfolgen.** Zusammenfassend lässt sich sagen, dass ein Beschluss bei unberechtigter Teilnahme anderer Personen, mangelhafter Verschlüsselung oder der rechtswidrigen Aufzeichnung der Betriebsratssitzung nur dann unwirksam ist, wenn einzelne Betriebsratsmitglieder hiervon Kenntnis, dh die Möglichkeit hatten, die Sitzung zu unterbrechen, und ohne den Verstoß ein anderes Ergebnis herausgekommen wäre. Sofern gegen die Regelungen in der Geschäftsordnung verstoßen wurde, so ist ein Beschluss unwirksam, wenn eine virtuelle Sitzung durchgeführt wurde, obwohl die Voraussetzungen hierfür nach der Geschäftsordnung nicht gegeben waren. Wird hingegen eine Präsenzsitzung durchgeführt, obwohl die Geschäftsordnung eine virtuelle Sitzung vorsieht, ist dies für die Beschlussfassung unschädlich.

266   **i) § 51 Abs. 3, § 59 Abs. 1 S. 1 BetrVG – Beschlüsse des Gesamt- und Konzernbetriebsrats.** Erfolgt die Teilnahme an einer Sitzung des Gesamtbetriebsrats mittels Video- oder Telefonkonferenz nach § 30 Abs. 2 S. 2 BetrVG, gilt das Mitglied des Gesamtbetriebsrats als anwesend iSd § 51 Abs. 3 S. 1 BetrVG. Eine Beschlussfassung kann daher auch wirksam erfolgen, wenn einzelne oder alle Mitglieder des Gesamtbetriebsrats mittels Video- oder Telefonkonferenz an ihr teilnehmen. Diese Regelung gilt auch für den Konzernbetriebsrat (§ 59 Abs. 1 S. 1 BetrVG), die Gesamt-Jugend- und Auszubildendenvertretung (§ 73 Abs. 2 BetrVG) sowie die Konzern-Jugend- und Auszubildendenvertretung (§ 73b Abs. 2 BetrVG).

Praxistipp:

267   Insbesondere bei Sitzungen des Konzern- oder Gesamtbetriebsrats entstehen durch vermehrte Reisetätigkeit über das gesamte Bundesgebiet **erhöhte Reisekosten,** für die der Arbeitgeber aufzukommen hat. Es ist daher in diesen Konstellationen naheliegend, dass der Arbeitgeber die Abhaltung von Video- oder Telefonkonferenzen anregt. Insbesondere hier spielt der neue § 30 Abs. 3 BetrVG unter Umständen in der Praxis eine Rolle, der eine Teilnahme „vor Ort" bei physischer Präsenz immer als erforderlich ansieht. Gesamt- und Konzernbetriebsräte sollten diese Möglichkeit nutzen und darauf bestehen, denn für diese Gremien ist der persönliche Kontakt durchaus wichtig. Der Arbeitgeber kann sowohl den Konzern- als auch den Gesamtbetriebsrat nicht dazu zwingen, sich im Einzelfall oder dauerhaft nur noch virtuell zu treffen.

II. Die Zulässigkeit von Sitzungen per Video- und Telefonkonferenz für Sprecherausschuss und Werkstattrat

1. Neuregelungen. a) Änderungen im Sprecherausschussgesetz (SprAuG)

§ 12 SprAuG Sitzungen des Sprecherausschusses

(1) Vor Ablauf einer Woche nach dem Wahltag hat der Wahlvorstand die **268** *Mitglieder des Sprecherausschusses zu der nach § 11 Abs. 1 vorgeschriebenen Wahl einzuberufen. Der Vorsitzende des Wahlvorstands leitet die Sitzung, bis der Sprecherausschuß aus seiner Mitte einen Wahlleiter zur Wahl des Vorsitzenden und seines Stellvertreters bestellt hat.*

(2) Die weiteren Sitzungen beruft der Vorsitzende des Sprecherausschusses ein. Er setzt die Tagesordnung fest und leitet die Verhandlung. Der Vorsitzende hat die Mitglieder des Sprecherausschusses zu den Sitzungen rechtzeitig unter Mitteilung der Tagesordnung zu laden.

(3) Der Vorsitzende hat eine Sitzung einzuberufen und den Gegenstand, dessen Beratung beantragt ist, auf die Tagesordnung zu setzen, wenn dies ein Drittel der Mitglieder des Sprecherausschusses oder der Arbeitgeber beantragen.

(4) Der Arbeitgeber nimmt an den Sitzungen, die auf sein Verlangen anberaumt sind, und an den Sitzungen, zu denen er ausdrücklich eingeladen ist, teil.

*(5) Die Sitzungen des Sprecherausschusses finden in der Regel während der Arbeitszeit statt. Der Sprecherausschuß hat bei der Anberaumung von Sitzungen auf die betrieblichen Notwendigkeiten Rücksicht zu nehmen. Der Arbeitgeber ist über den Zeitpunkt der Sitzung vorher zu verständigen. Die Sitzungen des Sprecherausschusses sind nicht öffentlich; § 2 Abs. 2 bleibt unberührt. **Die Sitzungen des Sprecherausschusses finden als Präsenzsitzung statt.***

(6) Abweichend von Absatz 5 Satz 5 kann die Teilnahme an einer Sitzung des Sprecherausschusses mittels Video- und Telefonkonferenz erfolgen, wenn

1. die Voraussetzungen für eine solche Teilnahme in der Geschäftsordnung unter Sicherung des Vorrangs der Präsenzsitzung festgelegt sind,

2. nicht mindestens ein Viertel der Mitglieder des Sprecherausschusses binnen einer von dem Vorsitzenden zu bestimmenden Frist diesem gegenüber widerspricht und

3. sichergestellt ist, dass Dritte vom Inhalt der Sitzung keine Kenntnis nehmen können.

Eine Aufzeichnung der Sitzung ist unzulässig.

(7) Erfolgt die Sitzung des Sprecherausschusses mit der zusätzlichen Möglichkeit der Teilnahme mittels Video- und Telefonkonferenz, gilt auch eine Teilnahme vor Ort als erforderlich.

§ 13 SprAuG Beschlüsse und Geschäftsordnung des Sprecherausschusses

269 *(1) Die Beschlüsse des Sprecherausschusses werden, soweit in diesem Gesetz nichts anderes bestimmt ist, mit der Mehrheit der Stimmen der anwesenden Mitglieder gefaßt.* **Mitglieder, die mittels Video- und Telefonkonferenz an der Beschlussfassung teilnehmen, gelten als anwesend.** *Bei Stimmengleichheit ist ein Antrag abgelehnt.*

(2) Der Sprecherausschuß ist nur beschlußfähig, wenn mindestens die Hälfte seiner Mitglieder an der Beschlußfassung teilnimmt. Stellvertretung durch Ersatzmitglieder ist zulässig.

(3) Über jede Verhandlung des Sprecherausschusses ist eine Niederschrift anzufertigen, die mindestens den Wortlaut der Beschlüsse und die Stimmenmehrheit, mit der sie gefaßt sind, enthält. Die Niederschrift ist von dem Vorsitzenden und einem weiteren Mitglied zu unterzeichnen. Der Niederschrift ist eine Anwesenheitsliste beizufügen, in die sich jeder Teilnehmer eigenhändig einzutragen hat. **Nimmt ein Mitglied des Sprecherausschusses mittels Video- und Telefonkonferenz an der Sitzung teil, so hat es seine Teilnahme gegenüber dem Vorsitzenden in Textform zu bestätigen. Die Bestätigung ist der Niederschrift beizufügen.**

(4) Die Mitglieder des Sprecherausschusses haben das Recht, die Unterlagen des Sprecherausschusses jederzeit einzusehen.

(5) Sonstige Bestimmungen über die Geschäftsführung können in einer schriftlichen Geschäftsordnung getroffen werden, die der Sprecherausschuß mit der Mehrheit der Stimmen seiner Mitglieder beschließt.

§ 19 SprAuG Geschäftsführung

270 *(1) Für den Gesamtsprecherausschuß gelten § 10 Abs. 1, die §§ 11, 13 Abs. 1, 3 bis 5 und § 14 entsprechend.*

(2) Ist ein Gesamtsprecherausschuß zu errichten, hat der Sprecherausschuß der Hauptverwaltung des Unternehmens oder, sofern ein solcher nicht besteht, der Sprecherausschuß des nach der Zahl der leitenden Angestellten größten Betriebs zu der Wahl des Vorsitzenden und des stellvertretenden Vorsitzenden des Gesamtsprecherausschusses einzuladen. Der Vorsitzende des einladenden Sprecherausschusses hat die Sitzung zu leiten, bis der Gesamtsprecherausschuß aus seiner Mitte einen Wahlleiter zur Wahl des Vorsitzenden und seines Stellvertreters bestellt hat. **§ 12 Absatz 2 bis 7 gilt entsprechend.**

(3) Der Gesamtsprecherausschuß ist nur beschlußfähig, wenn mindestens die Hälfte seiner Mitglieder an der Beschlußfassung teilnimmt und die Teilnehmenden mindestens die Hälfte aller Stimmen vertreten. Stellvertretung durch Ersatzmitglieder ist zulässig.

§ 24 SprAuG Geschäftsführung

271 *(1) Für den Konzernsprecherausschuß gelten § 10 Abs. 1, die §§ 11, 13 Abs. 1, 3 bis 5, die §§ 14, 18 Abs. 3 und § 19 Abs. 3 entsprechend.*

(2) Ist ein Konzernsprecherausschuß zu errichten, hat der Gesamtsprecheraus-
schuß des herrschenden Unternehmens oder, sofern ein solcher nicht besteht, der
Gesamtsprecherausschuß des nach der Zahl der leitenden Angestellten größten
Konzernunternehmens zu der Wahl des Vorsitzenden und des stellvertretenden
Vorsitzenden des Konzernsprecherausschusses einzuladen. Der Vorsitzende des
einladenden Gesamtsprecherausschusses hat die Sitzung zu leiten, bis der Kon-
zernsprecherausschuß aus seiner Mitte einen Wahlleiter zur Wahl des Vorsitzen-
den und seines Stellvertreters bestellt hat. **§ 12 Absatz 2 bis 7 gilt entspre-**
chend.

§ 28 SprAuG Richtlinien und Vereinbarungen

(1) Arbeitgeber und Sprecherausschuß können Richtlinien über den Inhalt, den **272**
Abschluß oder die Beendigung von Arbeitsverhältnissen der leitenden Angestellten
schriftlich vereinbaren. **Werden Richtlinien in elektronischer Form geschlos-**
sen, haben Arbeitgeber und Sprecherausschuss abweichend von § 126a
Absatz 2 des Bürgerlichen Gesetzbuchs dasselbe Dokument elektronisch
zu signieren.

(2) Der Inhalt der Richtlinien gilt für die Arbeitsverhältnisse unmittelbar und
zwingend, soweit dies zwischen Arbeitgeber und Sprecherausschuß vereinbart ist.
Abweichende Regelungen zugunsten leitender Angestellter sind zulässig. Werden
leitenden Angestellten Rechte nach Satz 1 eingeräumt, so ist ein Verzicht auf sie
nur mit Zustimmung des Sprecherausschusses zulässig. Vereinbarungen nach
Satz 1 können, soweit nichts anderes vereinbart ist, mit einer Frist von drei
Monaten gekündigt werden.

b) Änderungen in der Werkstätten-Mitwirkungsverordnung (WMVO)

§ 6 WMVO Vermittlungsstelle

(1) Die Vermittlungsstelle besteht aus einem oder einer unparteiischen, in **273**
Werkstattangelegenheiten erfahrenen Vorsitzenden, auf den oder die sich Werkstatt
und Werkstattrat einigen müssen, und aus je einem von der Werkstatt und vom
Werkstattrat benannten Beisitzer oder einer Beisitzerin. Kommt eine Einigung
nicht zustande, so schlagen die Werkstatt und der Werkstattrat je eine Person als
Vorsitzenden oder Vorsitzende vor; durch Los wird entschieden, wer als Vor-
sitzender oder Vorsitzende tätig wird.

(2) Die Vermittlungsstelle hat unverzüglich tätig zu werden. Sie entscheidet
nach mündlicher Beratung mit Stimmenmehrheit. **Die Beschlüsse der Vermitt-**
lungsstelle sind schriftlich niederzulegen und von dem Vorsitzenden oder
der Vorsitzenden zu unterschreiben oder in elektronischer Form nieder-
zulegen und von dem Vorsitzenden oder der Vorsitzenden mit seiner oder
ihrer qualifizierten elektronischen Signatur zu versehen. *Werkstatt und*
Werkstattrat können weitere Einzelheiten des Verfahrens vor der Vermittlungs-
stelle vereinbaren.

(3) Der Einigungsvorschlag der Vermittlungsstelle ersetzt in den Angelegenhei-
ten nach § 5 Absatz 1 sowie in den Angelegenheiten nach § 5 Absatz 2, die
nur einheitlich für Arbeitnehmer und Werkstattbeschäftigte geregelt werden kön-
nen, nicht die Entscheidung der Werkstatt. Bis dahin ist die Durchführung der

Maßnahme auszusetzen. Das gilt auch in den Fällen des § 5 Absatz 5 und 6. Fasst die Vermittlungsstelle in den Angelegenheiten nach § 5 Absatz 1 innerhalb von zwölf Tagen keinen Beschluss für einen Einigungsvorschlag, gilt die Entscheidung der Werkstatt.

§ 33 WMVO Sitzungen des Werkstattrats

274   *(1) Die Sitzungen des Werkstattrats finden in der Regel während der Beschäftigungszeit statt. Der Werkstattrat hat bei der Ansetzung der Sitzungen auf die Arbeitsabläufe in der Werkstatt Rücksicht zu nehmen. Die Werkstatt ist vom Zeitpunkt der Sitzung vorher zu verständigen. Die Sitzungen des Werkstattrats sind nicht öffentlich.* **Sie finden als Präsenzsitzung statt.**

(1a) Abweichend von Absatz 1 Satz 5 kann die Teilnahme an einer Sitzung des Werkstattrats mittels Video- und Telefonkonferenz erfolgen, wenn

1. die Voraussetzungen für eine solche Teilnahme in der Geschäftsordnung unter Sicherung des Vorrangs der Präsenzsitzung festgelegt sind,

2. nicht mindestens ein Viertel der Mitglieder des Werkstattrats binnen einer von dem Vorsitzenden oder der Vorsitzenden zu bestimmenden Frist diesem oder dieser gegenüber widerspricht und

3. sichergestellt ist, dass Dritte vom Inhalt der Sitzung keine Kenntnis nehmen können.

Eine Aufzeichnung der Sitzung ist unzulässig.

(1b) Erfolgt die Sitzung des Werkstattrats mit der zusätzlichen Möglichkeit der Teilnahme mittels Video- und Telefonkonferenz, gilt auch eine Teilnahme vor Ort als erforderlich.

(2) Der Werkstattrat kann die Vertrauensperson (§ 39 Abs. 3) und, wenn und soweit er es für erforderlich hält, ein Mitglied des Betriebs- oder Personalrats oder einer sonstigen Mitarbeitervertretung, eine Schreibkraft oder, nach näherer Vereinbarung mit der Werkstatt, einen Beauftragten oder eine Beauftragte einer in der Werkstatt vertretenen Gewerkschaft auf Antrag eines Viertels der Mitglieder des Werkstattrats, einen Vertreter oder eine Vertreterin eines Verbandes iSd § 8 Abs. 1 oder sonstige Dritte zu seinen Sitzungen hinzuziehen. Für sie gelten die Geheimhaltungspflicht sowie die Offenbarungs- und Verwertungsverbote gem. § 37 Abs. 6 entsprechend.

§ 34 WMVO Beschlüsse des Werkstattrats

275   *(1) Die Beschlüsse des Werkstattrats werden mit der Mehrheit der Stimmen der anwesenden Mitglieder gefasst.* **Mitglieder des Werkstattrats, die mittels Video- und Telefonkonferenz an der Beschlussfassung teilnehmen, gelten als anwesend.** *Bei Stimmengleichheit ist ein Antrag abgelehnt.*

(2) Der Werkstattrat ist beschlussfähig, wenn mindestens die Hälfte seiner Mitglieder an der Beschlussfassung teilnimmt; Stellvertretung durch Ersatzmitglieder ist zulässig.

§ 35 WMVO Sitzungsniederschrift

276   *Über die Sitzungen des Werkstattrats ist eine Sitzungsniederschrift aufzunehmen, die mindestens den Wortlaut der Beschlüsse und die Stimmenmehrheit, mit* *der sie gefasst wurden, enthält. Die Niederschrift ist von dem Vorsitzenden oder von der Vorsitzenden und einem weiteren Mitglied oder der Vertrauensperson (§ 39 Abs. 3) zu unterzeichnen. Ihr ist eine Anwesenheitsliste beizufügen.* **Nimmt ein Mitglied des Werkstattrats mittels Video- und Telefonkonferenz an der Sitzung teil, so hat es seine Teilnahme gegenüber dem Vorsitzenden oder der Vorsitzenden in Textform zu bestätigen. Die Bestätigung ist der Niederschrift beizufügen. Hat die Werkstatt an der Sitzung teilgenommen, so ist ihr der entsprechende Teil der Niederschrift abschriftlich auszuhändigen.** *Hat die Werkstatt an der Sitzung teilgenommen, so ist ihr der entsprechende Teil der Niederschrift abschriftlich auszuhändigen.*

2. Relevanz bei der praktischen Arbeit. Die Neuregelung des § 12   277
SprAuG überträgt die Optionen zur Teilnahme mittels Video- und
Telefonkonferenz nach Maßgabe der nach § 30 Abs. 2 und 3 BetrVG
einzuhaltenden Regelung auf den Sprecherausschuss.

Erfolgt die Teilnahme an einer Sitzung des Sprecherausschusses mittels   278
Video- oder Telefonkonferenz nach § 12 Abs. 6 S. 1 SprAuG, gilt das
jeweilige Mitglied des Sprecherausschusses als anwesend iSd § 13 Abs. 1
S. 1 SprAuG. Eine Beschlussfassung kann daher auch wirksam erfolgen,
wenn einzelne oder alle Mitglieder des Sprecherausschusses mittels Vi-
deo- und Telefonkonferenz an ihr teilnehmen.

Die Änderung in § 13 Abs. 3 SprAuG übernimmt die Regelungen zur   279
Feststellung der Anwesenheit der Sitzungsteilnehmer bei der Teilnahme
per Video- oder Telefonkonferenz aus § 34 Abs. 1 S. 4 BetrVG.

§ 12 SprAuG beinhaltet Folgeänderungen durch die Einfügung der   280
Abs. 6 und 7.

Die Neuregelung in § 28 Abs. 1 SprAuG stellt klar, dass die Schrift-   281
form des § 28 Abs. 1 SprAuG auch durch die elektronische Form nach
§ 126a Abs. 1 BGB gewahrt wird. Da die Richtlinie die Arbeitsverhältnisse der leitenden Arbeitnehmer unmittelbar regelt, haben diese ein
besonderes Interesse daran, nachvollziehen zu können, dass Arbeitgeber
und Sprecherausschuss einen gleichlautenden Text unterzeichnet haben.
Aus diesem Grund wird die Möglichkeit zur Unterzeichnung auf der für
den anderen Vertragsteil vorgesehenen Ausfertigung nach § 126 Abs. 2
S. 2 BGB iVm § 126a Abs. 2 BGB durch die Regelung ausgeschlossen.

Nach § 6 Abs. 2 S. 3 WMVO hat der Vorsitzende die Beschlüsse der   282
Vermittlungsstelle zu unterschreiben. Die Regelung ermöglicht es, dass
die Schriftform durch die elektronische Form ersetzt werden kann. Die
Neuregelungen in §§ 33 ff. WMVO übernehmen die für die Betriebsräte
vorgesehene Regelung zur Teilnahme an Sitzungen mittels Video- und
Telefonkonferenz für die Werkstatträte.

Wie für den Sprecherausschuss und den Gesamtsprecherausschuss soll   283
mit der Ergänzung auch für den Konzernsprecherausschuss die Möglichkeit der Sitzungsteilnahme per Video- und Telefonkonferenz eröffnet
werden. Dies wird durch die Bezugnahme auf die mit dem Gesetzesentwurf neu eingeführten § 12 Abs. 6 und Abs. 7 SprAuG gewährleistet.

III. Die Möglichkeit zur elektronischen Signatur von Einigungsstellensprüchen und Betriebsvereinbarungen

1. Neuregelung

§ 76 BetrVG Einigungsstelle

284 *(1) Zur Beilegung von Meinungsverschiedenheiten zwischen Arbeitgeber und Betriebsrat, Gesamtbetriebsrat oder Konzernbetriebsrat ist bei Bedarf eine Einigungsstelle zu bilden. Durch Betriebsvereinbarung kann eine ständige Einigungsstelle errichtet werden.*

(2) Die Einigungsstelle besteht aus einer gleichen Anzahl von Beisitzern, die vom Arbeitgeber und Betriebsrat bestellt werden, und einem unparteiischen Vorsitzenden, auf dessen Person sich beide Seiten einigen müssen. Kommt eine Einigung über die Person des Vorsitzenden nicht zustande, so bestellt ihn das Arbeitsgericht. Dieses entscheidet auch, wenn kein Einverständnis über die Zahl der Beisitzer erzielt wird.

(3) Die Einigungsstelle hat unverzüglich tätig zu werden. Sie fasst ihre Beschlüsse nach mündlicher Beratung mit Stimmenmehrheit. Bei der Beschlussfassung hat sich der Vorsitzende zunächst der Stimme zu enthalten; kommt eine Stimmenmehrheit nicht zustande, so nimmt der Vorsitzende nach weiterer Beratung an der erneuten Beschlussfassung teil. **Die Beschlüsse der Einigungsstelle sind schriftlich niederzulegen und vom Vorsitzenden zu unterschreiben oder in elektronischer Form niederzulegen und vom Vorsitzenden mit seiner qualifizierten elektronischen Signatur zu versehen sowie Arbeitgeber und Betriebsrat zuzuleiten.**

(4) Durch Betriebsvereinbarung können weitere Einzelheiten des Verfahrens vor der Einigungsstelle geregelt werden.

(5) In den Fällen, in denen der Spruch der Einigungsstelle die Einigung zwischen Arbeitgeber und Betriebsrat ersetzt, wird die Einigungsstelle auf Antrag einer Seite tätig. Benennt eine Seite keine Mitglieder oder bleiben die von einer Seite genannten Mitglieder trotz rechtzeitiger Einladung der Sitzung fern, so entscheiden der Vorsitzende und die erschienenen Mitglieder nach Maßgabe des Absatzes 3 allein. Die Einigungsstelle fasst ihre Beschlüsse unter angemessener Berücksichtigung der Belange des Betriebs und der betroffenen Arbeitnehmer nach billigem Ermessen. Die Überschreitung der Grenzen des Ermessens kann durch den Arbeitgeber oder den Betriebsrat nur binnen einer Frist von zwei Wochen, vom Tage der Zuleitung des Beschlusses an gerechnet, beim Arbeitsgericht geltend gemacht werden.

(6) Im Übrigen wird die Einigungsstelle nur tätig, wenn beide Seiten es beantragen oder mit ihrem Tätigwerden einverstanden sind. In diesen Fällen ersetzt ihr Spruch die Einigung zwischen Arbeitgeber und Betriebsrat nur, wenn beide Seiten sich dem Spruch im Voraus unterworfen oder ihn nachträglich angenommen haben.

(7) Soweit nach anderen Vorschriften der Rechtsweg gegeben ist, wird er durch den Spruch der Einigungsstelle nicht ausgeschlossen.

(8) Durch Tarifvertrag kann bestimmt werden, dass an die Stelle der in Absatz 1 bezeichneten Einigungsstelle eine tarifliche Schlichtungsstelle tritt.

§ 77 BetrVG Durchführung gemeinsamer Beschlüsse, Betriebsvereinbarungen

(1) Vereinbarungen zwischen Betriebsrat und Arbeitgeber, auch soweit sie auf **285** *einem Spruch der Einigungsstelle beruhen, führt der Arbeitgeber durch, es sei denn, dass im Einzelfall etwas anderes vereinbart ist. Der Betriebsrat darf nicht durch einseitige Handlungen in die Leitung des Betriebs eingreifen.*

(2) Betriebsvereinbarungen sind von Betriebsrat und Arbeitgeber gemeinsam zu beschließen und schriftlich niederzulegen. Sie sind von beiden Seiten zu unterzeichnen; dies gilt nicht, soweit Betriebsvereinbarungen auf einem Spruch der Einigungsstelle beruhen. **Werden Betriebsvereinbarungen in elektronischer Form geschlossen, haben Arbeitgeber und Betriebsrat abweichend von § 126a Absatz 2 des Bürgerlichen Gesetzbuchs dasselbe Dokument elektronisch zu signieren.** *Der Arbeitgeber hat die Betriebsvereinbarungen an geeigneter Stelle im Betrieb auszulegen.*

(3) bis (6) (…)

§ 112 BetrVG Interessenausgleich über die Betriebsänderung, Sozialplan

(1) Kommt zwischen Unternehmer und Betriebsrat ein Interessenausgleich über **286** *die geplante Betriebsänderung zustande, so ist dieser schriftlich niederzulegen und vom Unternehmer und Betriebsrat zu unterschreiben;* **§ 77 Absatz 2 Satz 3 gilt entsprechend.** *Das Gleiche gilt für eine Einigung über den Ausgleich oder die Milderung der wirtschaftlichen Nachteile, die den Arbeitnehmern infolge der geplanten Betriebsänderung entstehen (Sozialplan). Der Sozialplan hat die Wirkung einer Betriebsvereinbarung. § 77 Abs. 3 ist auf den Sozialplan nicht anzuwenden.*

2. Hintergrund der gesetzlichen Neuregelung. Gem. § 76 Abs. 3 **287** S. 4 BetrVG hat der Vorsitzende die Beschlüsse der Einigungsstelle zu unterschreiben. Die Neuregelung stellt nun klar, dass die **Schriftform durch die elektronische Form** gem. § 126a BGB **ersetzt werden kann.** Vor Inkrafttreten des Betriebsrätemodernisierungsgesetzes konnte der Einigungsstellenspruch vom Vorsitzenden nach höchstrichterlicher Rechtsprechung nicht mittels elektronischer Form unterzeichnet werden (BAG 5.10.2010 – 1 ABR 31/09, BeckRS 2011, 67761). Dieses Urteil des BAG ist nunmehr überholt. Die gesetzliche Neuregelung stellt klar, dass die elektronische Form möglich ist.

Für **Betriebsvereinbarungen** regelt § 77 Abs. 2 BetrVG, dass diese **288** schriftlich niederzulegen sind. Wird die Schriftform nicht gewahrt, ist eine Betriebsvereinbarung gem. § 125 S. 1 BGB nichtig. Bereits vor der Gesetzesnovelle wurde in der Literatur mit unterschiedlichem Ergebnis diskutiert, ob die Schriftform nach § 77 Abs. 2 BetrVG durch die elektronische Form ersetzt werden kann (ErfK/*Kania* BetrVG § 77 Rn. 19). Die Neuregelung des § 77 Abs. 2 BetrVG stellt dies nun klar. Voraussetzung ist, dass die qualifizierten elektronischen Signaturen von Betriebsrat und Arbeitgeber auf demselben Dokument erfolgen (§ 77 Abs. 2 S. 3 BetrVG).

289   Eine Betriebsvereinbarung ist eine Übereinkunft zwischen Betriebsrat und Arbeitgeber, die rechtsverbindlich ist und – genauso wie Gesetze oder Tarifverträge – das Arbeitsverhältnis der Arbeitnehmer gestaltet (Schaub/Koch ArbR A–Z/*Koch* „Betriebsvereinbarung" Rn. 1). Aus diesem Grund haben Arbeitnehmer auch ein besonderes Interesse daran, nachvollziehen zu können, dass **Arbeitgeber und Betriebsrat einen gleichlautenden Text unterzeichnet** haben. § 77 Abs. 2 S. 2 BetrVG regelt daher, dass bei Betriebsvereinbarungen in elektronischer Form die Signaturen beider Betriebspartner ersichtlich sein müssen. Aus diesem Grund wird mit der Regelung die Möglichkeit zur Unterzeichnung auf der für den anderen Vertragsteil vorgesehenen Ausfertigung nach § 126 Abs. 2 S. 2 BetrVG iVm § 126a Abs. 2 BGB ausgeschlossen.

290   **3. Relevanz bei der Betriebsratsarbeit.** Mit der Regelung des § 77 Abs. 2 S. 2 BetrVG eröffnet der Gesetzgeber **erstmalig** die Möglichkeit, **Betriebsvereinbarungen elektronisch** abzuschließen. Das ist vor allem von Vorteil für Betriebsparteien, die bereits rein elektronisch miteinander kommunizieren und hierzu ein Dokumenten-Management-System vorhalten. Vor der Gesetzesnovelle mussten Betriebsvereinbarungen auch in diesen Fällen noch händisch unterzeichnet und für die Belegschaft aufbewahrt werden. Digital konnte allenfalls eine Kopie gespeichert werden. Dies ist zukünftig anders. Die gleiche Möglichkeit eröffnet § 112 Abs. 1 S. 1 Hs. 2 BetrVG für den Abschluss eines Interessenausgleichs.

291   Betriebsvereinbarungen, Interessenausgleich und Sozialpläne sowie Sprüche der Einigungsstelle können unter Nutzung einer qualifizierten elektronischen Signatur abgeschlossen werden.

Praxistipp:

292   Bei Abschluss einer Betriebsvereinbarung muss die **qualifizierte elektronische Signatur** von Betriebsrat und Arbeitgeber auf **demselben Dokument** erfolgen (§ 77 Abs. 2 S. 3 BetrVG). Weiterhin ist zu beachten, dass die Notwendigkeit, die Betriebsvereinbarung an geeigneter Stelle im Betrieb bekannt zu machen, durch die gesetzliche Neuregelung nicht entfällt (§ 77 Abs. 2 S. 3 BetrVG).

293   Beschlüsse der Einigungsstelle können zukünftig alternativ in elektronischer Form niedergelegt und vom Vorsitzenden mit einer qualifizierten elektronischen Signatur versehen dem Arbeitgeber und dem Betriebsrat zugeleitet werden (§ 76 Abs. 3 S. 4 BetrVG). Niederlegen in elektronischer Form bedeutet schlicht das Abfassen in einer Textdatei. Diese muss dann ebenfalls qualifiziert elektronisch signiert übermittelt werden. Die Neuregelung bezieht sich ausdrücklich nur auf die Beschlüsse der Einigungsstelle.

294   Die **Sitzungen der Einigungsstelle** einschließlich etwaiger Beschlussfassungen mittels Spruch müssen wie zuvor **analog** abgehalten werden. Während der Corona-Pandemie regelte der zeitlich befristete § 129 Abs. 2 BetrVG die Möglichkeit, Sitzungen und auch Beschlussfassungen der Einigungsstelle virtuell abzuhalten. Die Erfahrung der Teilnehmer hat gezeigt, dass die Beteiligten vielfach von dieser Möglichkeit einer virtuellen Sitzung Gebrauch gemacht und das Format wegen der hohen Flexibilität und der technischen Zuverlässigkeit sehr geschätzt haben (*Möllenkamp* DB 2021, 1198 (1200)). Leider hat der Gesetzgeber diese positive Entwicklung nicht in das Betriebsrätemodernisierungsgesetz einfließen lassen. Eine Kompromisslösung hätte auch darin bestehen können, Sitzungen mittels Video- und Telefonkonferenz zuzulassen, solange keine Beschlussfassung erfolgt. Dies würde dann einer Online-Besprechung unter Moderation eines Dritten ähneln. Der Abschluss könnte dann mittels einer einvernehmlichen Betriebsvereinbarung und nicht durch Einigungsstellenspruch erfolgen. Auch dies hat der Gesetzgeber ausgelassen.

IV. Die Bestimmung des Arbeitgebers als Verantwortlichen iSd Datenschutzgrundverordnung (DS-GVO)

1. Neuregelung

§ 79a BetrVG Datenschutz

Bei der Verarbeitung personenbezogener Daten hat der Betriebsrat die 295 *Vorschriften über den Datenschutz einzuhalten. Soweit der Betriebsrat zur Erfüllung der in seiner Zuständigkeit liegenden Aufgaben personenbezogene Daten verarbeitet, ist der Arbeitgeber der für die Verarbeitung Verantwortliche im Sinne der datenschutzrechtlichen Vorschriften. Arbeitgeber und Betriebsrat unterstützen sich gegenseitig bei der Einhaltung der datenschutzrechtlichen Vorschriften. Die oder der Datenschutzbeauftragte ist gegenüber dem Arbeitgeber zur Verschwiegenheit verpflichtet über Informationen, die Rückschlüsse auf den Meinungsbildungsprozess des Betriebsrats zulassen. § 6 Absatz 5 Satz 2, § 38 Absatz 2 des Bundesdatenschutzgesetzes gelten auch im Hinblick auf das Verhältnis der oder des Datenschutzbeauftragten zum Arbeitgeber.*

2. Hintergrund der Neuregelung. Der neu eingefügte § 79a 296 BetrVG ist wohl die **umstrittenste Neuregelung** iRd Betriebsrätemodernisierungsgesetzes. Dies ist darauf zurückzuführen, dass die Rechtslage bereits vor der Gesetzesnovelle umstritten war und das Datenschutzrecht ebenfalls eine große Entwicklung durchmacht. Im Falle der Verarbeitung personenbezogener Daten durch den Betriebsrat kommt es zu einer Diskrepanz zwischen den datenschutzrechtlichen und den arbeitsrechtlichen Vorschriften.

a) § 79a S. 1, 2 BetrVG – Verantwortlicher. Die Verarbeitung 297 personenbezogener und auch sensibler Beschäftigtendaten zählt zum Kernbereich der Aufgabenerfüllung der Betriebsräte und bringt eine besondere Verantwortung für die Einhaltung der datenschutzrechtlichen Vorschriften mit sich.

298   Das BAG hatte sich in der Vergangenheit mehrfach mit der Frage zu beschäftigen, ob und in welchem Umfang der Betriebsrat die geltenden datenschutzrechtlichen Bestimmungen einzuhalten hat (zB BAG 7.5.2019 – 1 ABR 53/17, NZA 2019, 1218). Diese Frage ist durch die gesetzliche Neuregelung des § 79a S. 1 BetrVG nunmehr geklärt. Danach ist klar geregelt, dass der **Betriebsrat die Vorschriften über den Datenschutz einzuhalten** hat. Eigentlich bräuchte es diese Bestimmung nicht, weil sich die Verpflichtung bereits aus Art. 4 Nr. 7 DS-GVO ergibt. Von besonderer Bedeutung ist § 26 BDSG, welcher spezifische Bestimmungen zur Verarbeitung personenbezogener Daten von Beschäftigten durch die Interessenvertretung der Beschäftigten enthält.

299   Der „für die Verarbeitung Verantwortliche" hat für das Datenschutzrecht eine Schlüsselfunktion. Er ist es, der die Einhaltung der in Art. 5 Abs. 1 DS-GVO verankerten Grundsätze der Datenverarbeitung gewährleisten und die hierfür notwendigen Maßnahmen ergreifen muss (Art. 24 Abs. 1 DS-GVO). Wer dieser **Verantwortliche ist, regelt Art. 4 Nr. 7 DS-GVO.** Maßgeblich ist danach, wer über die Zwecke und Mittel der Datenverarbeitung entscheidet (EuArbRK/*Franzen* DS-GVO Art. 4 Rn. 12). Im Rahmen der betrieblichen Strukturen ist es so, dass der Betriebsrat gem. Art. 4 Nr. 2 DS-GVO Beschäftigtendaten verarbeitet. Dies beinhaltet sehr weit gefasst „jeden Vorgang (…) im Zusammenhang mit personenbezogenen Daten" (EuArbRK/*Franzen* DS-GVO Art. 4 Rn. 7). Es ist aber auch der Betriebsrat, der sowohl über den Zweck als auch über die Mittel der Verarbeitung entscheidet. Der Betriebsrat und nicht der Arbeitgeber legt fest, welche Daten zu welchem Zweck verarbeitet werden und auf welche Weise. Er entscheidet, wer Zugang zu den Daten erhält, wie diese gesichert und wann diese gelöscht werden. Bei der Subsumtion unter diese Definition ist somit der Betriebsrat verantwortlich iSd Art. 4 Nr. 2 DS-GVO. Ganz unumstritten war dies jedoch auch bereits vor der Gesetzesnovelle nicht. Das BAG hatte die Frage nach der Stellung als Verantwortlicher ausdrücklich offengelassen (BAG 9.4.2019 – 1 ABR 51/17, BeckRS 2019, 14744).

300   Aus **arbeitsrechtlicher Sicht** wird dem entgegengehalten, dass der Betriebsrat im Rahmen des BetrVG weder frei noch eigenständig über die Zwecke der Datenverarbeitung bestimmen kann. Als betriebsverfassungsrechtliches Kontrollorgan handele er nicht autonom (*Kurzböck/ Weinbeck* BB 2018, 1652 (1654)). Zur Datenverarbeitung stünden ihm nur die Mittel zur Verfügung, die der Arbeitgeber überlässt und soweit das BetrVG dies erlaube. Datenschutzrechtlich betrachtet kommt es jedoch auf gewisse Restriktionen bei der Entscheidungsgewalt nicht an. Es ändert letztlich nichts daran, dass der Betriebsrat über das „Ob" und „Wie" der Datenverarbeitung entscheidet.

301   Durch das Betriebsrätemodernisierungsgesetz wollte der Gesetzgeber diese Streitfrage entscheiden und rechtssicher festlegen. Er hat daher die Betriebsräte von ihrer datenschutzrechtlichen Verantwortlichkeit befreit. § 79a S. 2 BetrVG regelt nunmehr, dass der **Arbeitgeber der für die Verarbeitung Verantwortliche** ist. Teilweise wird vertreten, § 79a S. 2 BetrVG sei unionsrechtswidrig und dürfe wegen der unmittelbaren Geltung der DS-GVO in allen Mitgliedstaaten der EU nicht angewandt werden (*Maschmann* NZA 2021, 834 (836)). Der Betriebsrat ist nach dieser Rechtsauffassung dann gem. Art. 4 Nr. 7 DS-GVO Verantwortlicher. Durch die Neuregelung des § 79a S. 2 BetrVG wird die in Art. 4 Nr. 7 **302** Hs. 2 der DS-GVO eröffnete Möglichkeit genutzt, den für die Datenverarbeitung Verantwortlichen im mitgliedstaatlichen Recht zu bestimmen. Bei der Verarbeitung personenbezogener Daten agieren die Betriebsräte als institutionell unselbstständiger Teil des für die Einhaltung des Datenschutzes verantwortlichen Arbeitgebers. Sie sind Teil der internen Organisation, jedoch keine nach außen rechtlich verselbstständigte Institution. Der Gesetzgeber erachtet es daher laut der Gesetzesbegründung als sachgerecht, wenn der Arbeitgeber die datenschutzrechtliche Verantwortung für die Verarbeitung personenbezogener Daten trägt.

b) § 79a S. 3 BetrVG – Unterstützungspflicht. Der neu eingeführ- **303** te § 79a S. 2 BetrVG ist vor allen Dingen deswegen problematisch, weil die Verarbeitung der dem Betriebsrat zur Verfügung stehenden Beschäftigtendaten weder im Namen des Arbeitgebers erfolgt noch in seinem Interesse liegt. Sie geschieht nur zur Wahrnehmung von Beteiligungsrechten. Der Arbeitgeber darf dem Betriebsrat als „unabhängiges Organ der Rechtspflege" keine Weisungen erteilen. Im Ergebnis haftet er somit für Verstöße des Betriebsrats, die er nicht unterbinden kann. Dies hat der Gesetzgeber gesehen und in § 79a S. 3 BetrVG geregelt, dass sich Arbeitgeber und Betriebsrat **gegenseitig bei der Einhaltung der datenschutzrechtlichen Vorschriften unterstützen** sollen.

c) § 79a S. 4, 5 BetrVG – Verschwiegenheitspflicht des Daten- **304** **schutzbeauftragten.** § 79a S. 4 und 5 BetrVG sind im Nachhinein durch den Ausschuss für Arbeit und Soziales in das Gesetz eingebracht worden. Sie stellen klar, dass die Verschwiegenheitspflichten des Datenschutzbeauftragten auch solche **Informationen umfassen, deren Bekanntgabe an den Arbeitgeber die interessenvertretungsrechtliche Unabhängigkeit des Betriebsrats** berührt. Die datenschutzrechtliche Verantwortlichkeit des Arbeitgebers beschneidet nicht die institutionelle Unabhängigkeit. Die neue Gesetzesregelung verpflichtet den Betriebsrat deshalb, selbst die datenschutzrechtlichen Vorschriften einzuhalten, und verpflichtet die Betriebsparteien zur gegenseitigen Unterstützung. Die konkrete Ausgestaltung der Zusammenarbeit muss die Unabhängigkeit und Eigenständigkeit des Betriebsrats gewährleisten, gleichzeitig muss der Arbeitgeber in der Lage sein, seinen Pflichten als Verantwortlicher nachzukommen. So ist zB unter Berücksichtigung der Unabhängigkeit des Betriebsrats im Einzelfall und unter Wahrung der Vertraulichkeits- und Verschwiegenheitspflichten zu entscheiden, ob Auskunfts- und Löschungspflichten vom Arbeitgeber oder vom Betriebsrat erfüllt werden.

§ 79a S. 4 BetrVG bezieht sich auf **alle Informationen, die Rück-** **305** **schlüsse auf den Meinungsbildungsprozess des Betriebsrats ermöglichen** und deren Kenntnis eine frei von Beobachtung durch den Arbeitgeber stattfindende Meinungsbildung im Betriebsrat gefährden würden. Es kommt hingegen nicht darauf an, ob es sich um personenbezogene Daten handelt. Gem. § 30 Abs. 1 S. 4 BetrVG schützt die Betriebsverfassung Unabhängigkeit und Vertraulichkeit der Beratungen des Betriebsrats. Dies gilt gem. § 30 Abs. 2 S. 1 Nr. 3 BetrVG auch bei der Benutzung von Video- und Telefonkonferenzen für Betriebsratssitzungen. Alle Informationen, die den Meinungsbildungsprozess des Betriebsrats tangieren, müssen einer besonderen Geheimhaltung unterliegen, damit die Unabhängigkeit des Betriebsrats vom Arbeitgeber gewährleistet wird. Dies umfasst Informationen mit Inhalten der vom Betriebsrat angelegten Dateien und Verzeichnisse mit oder ohne Personen- und Verfahrensbezug.

306   § 79a S. 5 BetrVG stellt klar, dass die **Verschwiegenheitsverpflichtung** des Datenschutzbeauftragten nach den §§ 6 Abs. 5 S. 2, 38 Abs. 2 BDSG hinsichtlich der vom Betriebsrat verarbeiteten personenbezogenen Daten **auch gegenüber dem Arbeitgeber** gilt. In Bezug auf personenbezogene Daten, welche der Datenschutzbeauftragte im Rahmen seiner Aufgaben aus der Sphäre des Betriebsrats erhält, muss er ohne Einwilligung der betroffenen Personen somit nicht nur gegenüber Dritten, die außerhalb des datenschutzrechtlich verantwortlichen Arbeitgebers stehen, sondern auch gegenüber dem Arbeitgeber Verschwiegenheit waren.

307   **3. Relevanz bei der Betriebsratsarbeit.** Die Neuregelung des § 79a BetrVG wird die Praxis vor große Herausforderungen stellen, da viele Fragen offen geblieben sind.

308   **a) § 79a S. 1, 2 BetrVG – Verantwortlicher.** Der Arbeitgeber ist nunmehr als Verantwortlicher im Gesetz benannt. Rechtlich ist dies aber nicht ganz überzeugend. Insbesondere datenschutzrechtlich spricht doch einiges für die Verantwortlichkeit des Betriebsrats.

309   Betriebsräte sollten bei der täglichen Zusammenarbeit mit dem Arbeitgeber berücksichtigen, dass die gesetzliche Neuregelung die Verantwortlichkeit für den Datenschutz einseitig dem Arbeitgeber zuweist, ohne auf der anderen Seite konkrete Pflichten des Betriebsrats festzulegen.

310   Diese Unklarheit ist ein weiterer Grund für die Betriebsparteien, möglichst **harmonisch und konstruktiv** zusammenzuarbeiten. Es bleibt abzuwarten, wie die Gerichte im Streitfall die Verantwortlichkeit beurteilen. Sofern die Gerichte die Norm in Einklang mit einigen Literaturstimmen für unionswidrig halten, könnte die Frage der Verantwortlichkeit nach dem Datenschutzrecht beurteilt und dem Betriebsrat zugeordnet werden. Der Gesetzgeber wäre dann erneut am Zug, die unionswidrigen Vorschriften abzuändern.

311   **b) § 79a S. 3 BetrVG – Unterstützungspflicht.** Die festgelegte beiderseitige Unterstützungspflicht von Arbeitgeber und Betriebsrat bei der Einhaltung der datenschutzrechtlichen Vorschriften beruht auf der datenschutzrechtlichen Verantwortlichkeit des Arbeitgebers einerseits und der innerorganisatorischen Selbstständigkeit und Weisungsfreiheit des Betriebsrats andererseits. Es trägt auch dem Umstand Rechnung, dass Arbeitgeber und Betriebsrat bei der Erfüllung der datenschutzrechtlichen Pflichten in vielfacher Weise auf **gegenseitige gute Zusammenarbeit**

angewiesen sind. ZB hat der Betriebsrat keine Pflicht, ein eigenes Verzeichnis von Verarbeitungstätigkeiten zu führen (Art. 30 DS-GVO), das Verarbeitungsverzeichnis des Arbeitgebers hingegen muss auch die Verarbeitungstätigkeiten des Betriebsrats enthalten. Der Arbeitgeber ist weiterhin bei den datenschutzrechtlichen Auskunftsrechten (Art. 15 DS-GVO) auf die Unterstützung durch den Betriebsrat angewiesen, wenn der Auskunftsanspruch sich auf die durch den Betriebsrat verarbeiteten Daten bezieht. Dieses Beispiel macht die **Verzahnung der Zusammenarbeit zwischen Betriebsrat und Arbeitgeber** genau wie auch die Problemstellungen der neuen Vorschrift sehr deutlich: Wenn zB ein Mitarbeiter von seinem Auskunftsanspruch nach Art. 15 DS-GVO Gebrauch macht und nachfragt, welche Daten der Betriebsrat über ihn gespeichert hat, so ist eine direkte Auskunftserteilung durch den Betriebsrat nicht möglich. Dieser muss die Daten erst an den Arbeitgeber übermitteln, so dass dieser wiederum Einblick in die Datenspeicherung des Betriebsrats bekommt.

Schließlich hat der Betriebsrat innerhalb seines Zuständigkeitsbereichs **312** eigenverantwortlich die Umsetzung technischer und organisatorischer Maßnahmen zur Gewährleistung der Datensicherheit iSd Art. 24, 32 DS-GVO sicherzustellen. Diesbezüglich ist der Arbeitgeber in der Pflicht, den Betriebsrat mit den hierfür erforderlichen Sachmitteln, wie zB geeignete Sicherungseinrichtungen für die Unterlagen mit personenbezogenen Daten, auszustatten. Dies ergibt sich aus § 40 Abs. 2 BetrVG. Es ist durchaus kritisch, dass der Arbeitgeber nach der gesetzlichen Neuregelung Haftungsrisiken trägt, die er mangels Weisungsrecht gegenüber dem Betriebsrat nicht beeinflussen kann. Denn konsequenterweise müsste der Arbeitgeber als Verantwortlicher den Betriebsrat auch anweisen dürfen, bestimmte Datenverarbeitungen vorzunehmen oder zu unterlassen. Entsprechende Anweisungen würden jedoch mit der Rolle des Betriebsrats nach dem BetrVG kollidieren, etwa mit der Vertraulichkeit seiner Beratungen auch gegenüber dem Arbeitgeber oder mit seiner selbstständigen Tätigkeit bei der Auswahl seiner Aktivitäten.

Praxistipp:

Nach der Neuregelung des § 79a S. 3 BetrVG **unterstützen sich** **313** **Arbeitgeber und Betriebsrat** gegenseitig bei der Einhaltung der datenschutzrechtlichen Vorschriften. Dh, dass der Betriebsrat den Arbeitgeber bei der Erstellung seines Verarbeitungsverzeichnisses nach Art. 30 DS-GVO, bei der Erfüllung der Informationspflicht nach Art. 12 ff. DS-GVO, bei der Erfüllung von Betroffenenrechten nach Art. 15 ff. DS-GVO, bei Fragen der Datensicherheit nach Art. 25, 32 DS-GVO und bei Datenpannen nach Art. 34, 35 DS-GVO unterstützen sollte. Die damit einhergehende Transparenz der Betriebsratsarbeit steht sicherlich in einem **Spannungsverhältnis zur freien Betriebsratsarbeit.** Auf der anderen Seite hat der Arbeitgeber nach der Gesetzesnovelle weder die Option eine notwendige Unterstützungsmaßnahmen rechtlich durchzusetzen noch datenschutzrechtlich unzulässiges Verhalten des Betriebsrats zu unterbinden. Gerade vor dem Hintergrund der gesetzlich geregelten Verantwortlichkeit sollte der Betriebsrat bemüht sein, dieses Spannungsverhältnis unter Berücksichtigung beider Interessen sachgerecht zu lösen und gleichzeitig die erforderliche Unterstützungsleistung zu bieten.

314 Die allgemeine Unterstützungspflicht ist in der täglichen Praxis vage. Es existieren keine gesetzlichen Regelungen, an denen man sich orientieren könnte bei der Frage, was genau die Unterstützungspflicht ist und was sie umfasst. Letztlich haftet der Arbeitgeber für Verstöße des Betriebsrats gegen Datenschutzrecht, Sanktionen sind auf der anderen Seite nicht vorgesehen. Das Gesetz normiert das Gebot der vertrauensvollen Zusammenarbeit in § 2 Abs. 1 BetrVG. Die Neuregelung des § 79a S. 3 BetrVG, der eine „Unterstützungspflicht" vorsieht, geht aber wohl hierüber hinaus. Eine Unterstützungshandlung ist bereits nach allgemeinem Sprachgebrauch mehr als die reine Zusammenarbeit. Der Betriebsrat hat nicht nur eigenverantwortlich die Belange des Datenschutzes der Betriebsratstätigkeit zu ordnen, er hat dem Arbeitgeber auch – unter Berücksichtigung aller Geheimhaltungspflichten – die Informationen zu geben, die er zur Erfüllung seiner datenschutzrechtlichen Obliegenheiten als verantwortliche Stelle iSd § 79a BetrVG benötigt. Das BAG hat hierzu bereits Grundsätze zur Unterstützungspflicht aufgestellt, die im Rahmen der gesetzlichen Neuregelung berücksichtigt werden müssen. Hiernach muss der Arbeitgeber Auskünfte über sensible personenbezogene Daten dem Betriebsrat nur dann herausgeben, wenn der Betriebsrat den Grund für die erbetene Information konkret bezeichnet und ein den datenschutzrechtlichen Vorschriften entsprechendes Verarbeitungsverfahren inklusive Löschroutine vorhält (BAG 9.4.2019 – 1 ABR 51/17, NZA 2019, 1055). Weiterhin steht dem Arbeitgeber ein Auskunftsanspruch gegen den Betriebsrat zu, sofern die Auskunft für die Einhaltung datenschutzrechtlicher Pflichten erforderlich ist.

Praxistipp:

315 Die Betriebsparteien sind frei darin, alle Einzelheiten im Rahmen einer Betriebsvereinbarung zu regeln. Dies ist angesichts der unsicheren Rechtslage auch dringend zu empfehlen. In einer Betriebsvereinbarung können Betriebsrat und Arbeitgeber zB alle Einzelheiten zur gesetzlich vorgesehen Unterstützungspflicht konkretisieren.

Praxistipp:

316 Aus § 79a Abs. 3 BetrVG lässt sich allenfalls ein (nicht kontrollierbarer) **Auskunftsanspruch** des Arbeitgebers gegenüber dem Betriebsrat über dessen Datenverarbeitung ableiten. Würde der Betriebsrat diesem Auskunftsanspruch nachhaltig nicht nachkommen, läge als Rechtsfolge eine grobe Verletzung gesetzlicher Pflichten nach § 23 Abs. 1 BetrVG vor.

Hieraus ergibt sich freilich **kein Überwachungsrecht** mit etwaigem   **317**
Zugriff auf die Daten des Betriebsrats, vielmehr handelt es sich um eine
unklare Ausformung des ohnehin bestehenden Grundsatzes der vertrauensvollen Zusammenarbeit nach § 2 BetrVG. Es bleibt offen, was passiert,
wenn der Betriebsrat diese Mithilfe verweigert. § 79a S. 3 BetrVG eröffnet jedenfalls nicht die Möglichkeit, dem Betriebsrat Anordnungen zu
erteilen oder zB die Einigungsstelle anzurufen. Der Arbeitgeber könnte
sich also allenfalls an das Arbeitsgericht wenden. Dies dürfte ihm dann
nicht weiterhelfen, wenn sich Betroffene an ihn als Verantwortlichen
wenden und um Auskunft, Korrektur oder Löschung ihrer vom Betriebsrat verarbeiteten Daten bitten (zur Zuständigkeit des Arbeitgebers für
diese Ansprüche s. BT-Drs. 19/28899, 21). Erfüllt der Arbeitgeber diese
Ansprüche nicht, fehlerhaft oder zögerlich, sieht die Rechtsfolge einen
Schmerzensgeldanspruch nach Art. 82 Abs. 1 DS-GVO vor.

Praxistipp:
Vor dem Hintergrund dieser Haftungssituation ist anzunehmen, dass   **318**
auch bereits niederschwellige Datenschutzverstöße des Betriebsrats
bzw. seiner Mitglieder die Anforderungen an **grobe Pflichtenver-
stöße iSv § 23 Abs. 1 BetrVG** erfüllen, was den Arbeitgeber dann
zur gerichtlichen Abberufung von Betriebsräten oder gar zur Auflösung des gesamten Gremiums berechtigen könnte.

c) § 79a S. 4, 5 BetrVG – Verschwiegenheitspflicht des Daten-   **319**
schutzbeauftragten. Möglicherweise wollte der Gesetzgeber dem oben
beschriebenen Dilemma der Haftungssituation dadurch entgehen, dass
die **Kontrolle des Betriebsrats zukünftig durch den betrieblichen
Datenschutzbeauftragten** erfolgen soll. Zu dessen Aufgaben gehört
nämlich nicht nur die Beratung aller Beteiligten, sondern auch deren
Überwachung (vgl. Art. 39 Abs. 1 DS-GVO). Nach bisheriger Rechtsprechung (BAG 11.11.1997 – 1 ABR 21/97, NZA 1998, 385 (387))
durfte der betriebliche Datenschutzbeauftragte den Betriebsrat jedoch
nicht kontrollieren, weil er weder unabhängig noch neutral war, sondern
im Lager des Arbeitgebers stand. Aus diesem Grund sieht § 79a S. 4
BetrVG vor, dass der Datenschutzbeauftragte gegenüber dem Arbeitgeber
zur Verschwiegenheit verpflichtet ist. Auch diese Verschwiegenheitspflicht wird die Praxis vor Probleme stellen. Es ist nicht nachvollziehbar,
wie der Datenschutzbeauftragte einerseits seine Arbeit machen und andererseits die Verschwiegenheitspflicht einhalten soll. Der Datenschutzbeauftragte ist gem. § 79a S. 4 BetrVG gegenüber dem Arbeitgeber zur
Verschwiegenheit verpflichtet über Informationen, die Rückschlüsse auf
den Meinungsbildungsprozess des Betriebsrats zulassen. Eine gewisse
Kontrollfunktion kommt dem Datenschutzbeauftragten somit auch gegenüber dem Betriebsrat zu.

Der Betriebsrat kann – soweit erforderlich – die **Beratung durch den**   **320**
Datenschutzbeauftragten in Anspruch nehmen. Dessen Stellung und

die Aufgaben des Datenschutzbeauftragten richten sich nach Art. 38, 39 DS-GVO und bestehen somit auch gegenüber dem Betriebsrat.

V. Sonstige Neuregelungen – Versicherungsschutz im Homeoffice

1. Neuregelung

§ 8 SGB VII Arbeitsunfall

321 *(1) Arbeitsunfälle sind Unfälle von Versicherten infolge einer den Versicherungsschutz nach § 2, 3 oder 6 begründenden Tätigkeit (versicherte Tätigkeit). Unfälle sind zeitlich begrenzte, von außen auf den Körper einwirkende Ereignisse, die zu einem Gesundheitsschaden oder zum Tod führen.* **Wird die versicherte Tätigkeit im Haushalt der Versicherten oder an einem anderen Ort ausgeübt, besteht Versicherungsschutz in gleichem Umfang wie bei Ausübung der Tätigkeit auf der Unternehmensstätte.**

(2) Versicherte Tätigkeiten sind auch

1. das Zurücklegen des mit der versicherten Tätigkeit zusammenhängenden unmittelbaren Weges nach und von dem Ort der Tätigkeit,

2. das Zurücklegen des von einem unmittelbaren Weg nach und von dem Ort der Tätigkeit abweichenden Weges, um

  a) Kinder von Versicherten (§ 56 des Ersten Buches), die mit ihnen in einem gemeinsamen Haushalt leben, wegen ihrer, ihrer Ehegatten oder ihrer Lebenspartner beruflichen Tätigkeit fremder Obhut anzuvertrauen oder

  b) mit anderen Berufstätigen oder Versicherten gemeinsam ein Fahrzeug zu benutzen,

2a. das Zurücklegen des unmittelbaren Weges nach und von dem Ort, an dem Kinder von Versicherten nach Nummer 2 Buchstabe a fremder Obhut anvertraut werden, wenn die versicherte Tätigkeit an dem Ort des gemeinsamen Haushalts ausgeübt wird,

3. das Zurücklegen des von einem unmittelbaren Weg nach und von dem Ort der Tätigkeit abweichenden Weges der Kinder von Personen (§ 56 des Ersten Buches), die mit ihnen in einem gemeinsamen Haushalt leben, wenn die Abweichung darauf beruht, daß die Kinder wegen der beruflichen Tätigkeit dieser Personen oder deren Ehegatten oder deren Lebenspartner fremder Obhut anvertraut werden,

4. das Zurücklegen des mit der versicherten Tätigkeit zusammenhängenden Weges von und nach der ständigen Familienwohnung, wenn die Versicherten wegen der Entfernung ihrer Familienwohnung von dem Ort der Tätigkeit an diesem oder in dessen Nähe eine Unterkunft haben,

5. das mit einer versicherten Tätigkeit zusammenhängende Verwahren, Befördern, Instandhalten und Erneuern eines Arbeitsgeräts oder einer Schutzausrüstung sowie deren Erstbeschaffung, wenn diese auf Veranlassung der Unternehmer erfolgt.

(3) Als Gesundheitsschaden gilt auch die Beschädigung oder der Verlust eines Hilfsmittels.

2. Hintergrund und Auswirkungen. Mit der Neuregelung in § 8 **322** Abs. 1 SGB VII wird eine Versicherungslücke geschlossen, die sich bei Tätigkeiten gezeigt hat, die von zu Hause aus geleistet werden. Bereits nach der alten Rechtslage bestand im Homeoffice und bei sonstiger mobiler Arbeit grundsätzlich gesetzlicher Unfallversicherungsschutz. Dieser erstreckte sich neben der eigentlichen versicherten Tätigkeit auch auf sogenannte Betriebswege, zB den Weg zum Drucker in einen anderen Raum.

Unterschiede bestanden jedoch bei **Wegen im eigenen Haushalt,** **323** um sich zB etwas zu essen oder zu trinken zu holen oder die Toilette aufzusuchen etc. Derartige Wege waren bislang nach der Rechtsprechung des Bundessozialgerichts (BSG) im Betrieb versichert, im Homeoffice jedoch nicht.

Auch hier wollte der Gesetzgeber die wachsende Digitalisierung mit- **324** denken und hat die Neuregelung vor dem Hintergrund eingefügt, dass die alte Rechtslage der **zunehmenden Bedeutung mobiler Arbeits-formen** nicht gerecht wurde. Unabhängig davon, ob ein Arbeitnehmer im Homeoffice den Drucker in einem anderen Raum oder die Küche aufsucht, um sich ein Getränk oder etwas zu essen zu holen, ist ein ungleicher Versicherungsschutz unter keinem Gesichtspunkt gerechtfertigt und stellt lediglich eine weitere Hürde für die Inanspruchnahme mobiler Arbeit dar.

Die Neueinführung von § 8 Abs. 2 Nr. 2a SGB VII erstreckt den **325** Unfallversicherungsschutz von Personen, die ihre Tätigkeit im Home-office ausüben, auf Wege, die sie für die **außerhäusliche Betreuung** ihrer Kinder aufgrund ihrer eigenen beruflichen Tätigkeit, der des Ehe-gatten oder des Lebenspartners in Anspruch nehmen. Sie werden damit den Versicherten gleichgestellt, die ihre Tätigkeit in der Unternehmens-stätte oder an einem anderen externen Arbeitsplatz ausüben und für die bereits seit 1971 ein entsprechender Versicherungsschutz besteht. Die Gesetzesbegründung hierzu beruft sich darauf, dass die Wirtschaft mehr und mehr darauf angewiesen sei, dass die Kinder während der Arbeitszeit betreut werden. Man könne deshalb davon ausgehen, dass stets ein betriebliches Interesse an der Unterbringung der Kinder bestünde, auch wenn der Unternehmer dabei nicht in irgendeiner Weise behilflich sei. Ein Zusammenhang mit der beruflichen Tätigkeit werde unterstellt, wenn der Vater oder die Mutter das Kind iVm dem Weg zur Arbeitsstätte in die Betreuung bringt oder auf dem Rückweg abholt (BT-Drs. 6/ 13335).

Vor dem Hintergrund der zunehmenden Verbreitung von Homeoffice, **326** Telearbeit und vergleichbaren Arbeitsformen im eigenen Haushalt der Versicherten ist es konsequent, den Versicherungsschutz auch in diesen Fällen auf die mit einer Kinderbetreuung zusammenhängenden Wege zu erstrecken. Wie bei einer Tätigkeit an einer betrieblichen Arbeitsstätte besteht ein Interesse des Unternehmens an der Unterbringung der Kin-der, um die Ausübung der beruflichen Tätigkeit der Versicherten zu ermöglichen.

D. Fazit und Ausblick

Das Betriebsrätemodernisierungsgesetz bringt eine gewisse Verein- **327** fachung des Wahlverfahrens, eine Ausweitung des Sonderkündigungsschutzes anlässlich der Vorbereitung einer Betriebsratswahl sowie die dauerhafte Fortschreibung von bislang pandemiebedingt vereinfachten Regeln zu virtuellen Sitzungen des Betriebsrats mit sich. Außerdem enthält der Entwurf Neuerungen im Bereich der Mitbestimmung und beim Einsatz von Künstlicher Intelligenz. Der Versuch, die bislang offene Frage der datenschutzrechtlichen Verantwortlichkeit zu klären, ist nicht geglückt und wird die Praxis vor neue offene Fragen stellen.

Die rechtlichen Änderungen im BetrVG haben Folgeänderungen in **328** der WO BetrVG nach sich gezogen. Hierzu existiert bereits ein Referentenentwurf des BMAS, der zwar bereits veröffentlicht, aber noch nicht endgültig verabschiedet wurde.

Leider hat der Gesetzgeber in diesem Anlauf die Anerkennung der **329** Möglichkeiten für eine erhöhte Wahlbeteiligung in der Belegschaft durch die Einführung von rechtssicheren Online-Betriebsratswahlen gescheut. Insbesondere die Arbeit der Wahlvorstände würde dadurch erheblich erleichtert. Das LAG Hamburg (LAG Hamburg 15.2.2018 – 8 TaBV 5/ 17, BeckRS 2018, 20356) hat klar und wenig überraschend entschieden, dass eine Online-Betriebsratswahl nach bestehender Rechtslage unwirksam ist. Eine andere Beurteilung gibt der eindeutige Gesetzeswortlaut nicht her. Es sei – so das LAG Hamburg – Aufgabe des Gesetzgebers, über die Anpassung der Wahlordnung an geänderte technische Rahmenbedingungen zu entscheiden. Die Novelle des Betriebsrätemodernisierungsgesetzes hat daran nichts geändert. Auch Sitzungen der Einigungsstelle sind nach wie vor nicht virtuell möglich. Es bleibt abzuwarten, ob der Gesetzgeber in Bezug auf die Digitalisierung zukünftig noch mutiger wird.

Die Betriebsparteien sollten bemüht sein, alle durch das Gesetz nicht **330** geklärten Fragen in konstruktiver Zusammenarbeit und durch möglichst frühzeitige, einvernehmliche Vereinbarungen zu beantworten, um kostspielige Rechtsstreitigkeiten und Einigungsstellenverfahren zu vermeiden.

Sachverzeichnis

Die Zahlen verweisen auf die jeweiligen Randnummern.